U0931148

高等职业教育人才培养创新教材出版工程
财经类系列规划教材

基础会计习题集

苏中大　主编

科学出版社
北京

内 容 简 介

《基础会计习题集》是根据《基础会计》编写的配套辅助教材，是学习《基础会计》的必备图书。本书按照高职高专教育人才培养目标和培养规格的要求，以教学大纲为指导，以《基础会计》主教材为基本依据而编写，在体系和结构上保持与主教材一致。每章内容包括"学习目标"、"学习重点"、"学习难点"、"典型例题分析"、"能力训练"五部分。

本书既可作为在校学生学习基础会计课程练习用书，也可作为在职财会人员业务学习、岗位培训的参考书。

图书在版编目(CIP)数据

基础会计习题集/苏中大主编. —北京：科学出版社，2008
(高等职业教育人才培养创新教材出版工程·财经类系列规划教材)
ISBN 978-7-03-021866-7

Ⅰ.基… Ⅱ.苏… Ⅲ.会计学-高等学校：技术学校-习题 Ⅳ.F230-44

中国版本图书馆 CIP 数据核字(2008)第 063587 号

责任编辑：苏 鹏 / 责任校对：鲁 素
责任印制：张克忠 / 封面设计：耕者设计工作室

科学出版社 出版
北京东黄城根北街 16 号
邮政编码：100717
http://www.sciencep.com

北京市安泰印刷厂印刷
科学出版社发行 各地新华书店经销
*
2008 年 8 月第 一 版 开本：B5(720×1000)
2008 年 8 月第一次印刷 印张：11
印数：1—4 000 字数：205 000

定价：19.00 元

(如有印装质量问题，我社负责调换〈安泰〉)

前　言

《基础会计习题集》是根据《基础会计》编写的配套辅助教材。本书既可作为在校学生学习基础会计课程的练习用书，也可作为在职财会人员业务学习、岗位培训的参考书。

本书按照高职高专教育人才培养目标和培养规格的要求，以教学大纲为指导，以《基础会计》主教材为基本依据而编写，在体系和结构上保持与主教材一致。每章内容包括“学习目标”、“学习重点”、“学习难点”、“典型例题分析”、“能力训练”五部分。其中，学习目标、学习重点、学习难点便于学生明确目标、把握重点、理解难点；典型例题分析代表性强、分析透彻，能够起到举一反三的作用；能力训练是本书的主体，有单项选择题、多项选择题、判断题、名词解释、简答题、业务计算题等，具有题型多样、选题典型、题量及难度适中、给教学和自学留有选择余地等特点。本书是学习《基础会计》的必备图书。

本书由青岛酒店管理学院的苏中大副教授任主编，青岛商务管理学院昌云霞、王淑军、徐希英任副主编。青岛酒店管理学院工商管理学院潘罡，青岛恒星职业技术学院刘海鹰、李莉、戚晓加参编。苏中大负责本书大纲编写、总体设计、初稿修改完善和总纂定稿。

由于编者水平有限，书中难免有疏漏和不足之处，敬请读者和有关专家给予批评指正。

编　者

2008年3月

目　　录

第1章　总　　论

【学习目标】

通过本章的学习，了解会计的产生和发展过程，明确会计的概念与特点、会计的基本职能，掌握会计核算方法。

【学习重点】

1.1　会计的概念

1.1.1　会计的产生与发展

会计的发展过程主要有以下三个阶段。

（1）古代会计；

（2）近代会计；

（3）现代会计。

1.1.2　会计的特点

（1）会计以货币为主要计量单位；

（2）会计能综合反映经济活动的过程和结果；

（3）会计对经济活动具有促进、控制、考核和指导作用。

1.1.3　会计的职能

（1）核算的职能；

（2）监督的职能；

（3）参与经济决策的职能。

1.2　会计对象和会计要素

1.2.1　会计对象

会计的一般对象是企业、行政机关、事业等单位在社会再生产过程中可以用货币表现的经济活动。

会计的具体对象依据各单位会计工作内容的不同而有所不同。

1.2.2 会计要素

1. 资产

资产是指企业过去的交易或者事项形成的、由企业拥有或者控制的、预期会给企业带来经济利益的资源。

2. 负债

负债是指企业过去的交易或者事项形成的、预期会导致经济利益流出企业的现时义务。

3. 所有者权益

所有者权益是指企业资产扣除负债后由所有者享有的剩余权益。公司的所有者权益又称为股东权益。所有者权益包括实收资本、资本公积、盈余公积和未分配利润。

4. 收入

收入是指企业在日常活动中形成的、会导致所有者权益增加的、与所有者投入资本无关的经济利益的总流入。

5. 费用

费用是指企业在日常活动中发生的、会导致所有者权益减少的、与向所有者分配利润无关的经济利益的总流出。

6. 利润

利润是指企业在一定会计期间的经营成果。利润包括收入减去费用后的净额、直接计入当期利润的利得和损失。

1.3 会计核算方法

1.3.1 设置账户

设置账户是对会计对象的具体内容进行归类、反映和监督的一种专门方法。

1.3.2 复式记账

复式记账是对每一项经济业务通过两个或两个以上有关账户相互联系起来进行登记的一种专门方法。

1.3.3 填制和审核会计凭证

填制会计凭证是为了保证会计记录完整、真实和可靠，审查经济活动是否合理、合法而采用的一种专门方法。

1.3.4 登记账簿

登记账簿是根据会计凭证，在账簿上连续地、系统地、完整地记录经济业务的一种专门方法。

1.3.5 成本计算

成本计算是按一定的成本对象，对生产、经营过程中所发生的成本、费用进行归集，以确定各对象的总成本和单位成本的一种专门方法，准确计算成本可以掌握构成情况，考核成本计划的完成情况，对于挖掘潜力和促进降低成本具有重要的作用。

1.3.6 财产清查

财产清查是对各项财产物资进行实物盘点、账面核对以及对各项往来款项进行查询，核对，以保证账账、账实相符的一种专门方法。

1.3.7 编制财务会计报告

编制财务会计报告是定期总括地反映经济活动和财务收支情况的一种专门方法，编制财务会计报表可以反映企业财务状况、经营成果和计划运行的执行情况。促进增产节支，为有关各方面提供参考资料。

1.4 会计法规和会计工作组织

1.4.1 会计法规

会计法规是指由国家和地方立法机关及中央、地方各级政府和行政部门制定颁发的有关会计方面的法律、法规和规章的总称，也叫会计法律制度。其基本构成包括会计法律、会计行政法规和会计规章。

1.《会计法》

修订后的《会计法》共 7 章 52 条，包括总则，会计核算，公司和企业会计核算的特别修订，会计监督，会计机构和会计人员，法律责任，附则。

2.《企业会计准则》

会计准则是会计核算工作的规范。它主要是对企业经济业务的具体会计处理做出规定，以指导和规范企业的会计核算，保证会计信息的质量。

3.《企业会计制度》

《企业会计制度》是根据《会计法》及国家其他有关法律和法规制定的，用以具体规范企业会计核算，是会计法规体系的组成部分。

1.4.2 会计工作组织

1. 会计机构

对会计机构的设置做出了三种规定。

(1) 根据业务需要设置会计机构。即各单位可以根据本单位的会计业务繁简情况决定是否设置会计机构，并没有要求每个单位都必须设置会计机构。

(2) 不能单独设置会计机构的单位，应当在有关机构中设置会计人员并指定会计主管人员。

(3) 实行代理记账。不具备设置会计机构和会计人员条件的单位，可以委托经批准设立从事会计代理记账业务的中介机构代理记账。

2. 总会计师

《会计法》第 36 条规定："国有和国有资产占控股地位或者主导地位的大、中型企业必须设置总会计师。"总会计师是在单位领导人领导下，主管经济核算和财务会计工作的负责人。总会计师是单位领导成员，协助单位负责人工作，全面负责本单位的财务会计管理和经济核算，参与本单位的重大经营决策活动。

3. 会计人员

《会计法》规定，从事会计工作的人员，必须取得会计从业资格证书。

会计人员在会计工作中应遵守职业道德规范。

根据《会计专业职务试行条例》，我国会计人员的专业技术职务名称为：高级会计师、会计师、助理会计师、会计员。

【学习难点】

1.1 会计核算方法

1.1.1 设置账户

设置账户是对会计对象的具体内容进行归类、反映和监督的一种专门方法。

1.1.2 复式记账

复式记账是对每一项经济业务通过两个或两个以上有关账户相互联系起来进行登记的一种专门方法。

1.1.3 填制和审核报表

填制会计凭证是为了保证会计记录完整、真实和可靠，审查经济活动是否合理、合法而采用的一种专门方法。

1.1.4 登记账簿

登记账簿是根据会计凭证，在账簿上连续地、系统地、完整地记录经济业务的一种专门方法。

1.1.5 成本计算

成本计算是按一定的成本对象，对生产、经营过程中所发生的成本、费用进行归集，以确定各对象的总成本和单位成本的一种专门方法，准确计算成本可以掌握构成情况，考核成本计划的完成情况，对于挖掘潜力促进降低成本具有重要的作用。

1.1.6 财产清查

财产清查是对各项财产物资进行实物盘点、账面核对以及对各项往来款项进行查询，核对，以保证账账、账实相符的一种专门方法。

1.1.7 编制财务会计报告

编制财务会计报告是定期总括地反映经济活动和财务收支情况的一种专门方法，编制财务会计报表可以反映企业财务状况、经营成果和计划运行的执行情况。促进增产节支、为有关各方面提供参考资料。

1.2 会计法规

1.2.1 《会计法》

修订后的《会计法》共7章52条，包括总则，会计核算，公司和企业会计核算的特别修订，会计监督，会计机构和会计人员，法律责任，附则。

1.2.2 《企业会计准则》

会计准则是会计核算工作的规范。它主要是对企业经济业务的具体会计处理做出规定，以指导和规范企业的会计核算，保证会计信息的质量。

1.2.3 《企业会计制度》

《企业会计制度》是根据《会计法》及国家其他有关法律和法规制定的，用以具体规范企业会计核算，是会计法规体系的组成部分。

【典型例题分析】

1.1 单项选择题

【例题1】 会计对经济活动进行综合反映，主要是利用（　　）。

A. 实物量度　　B. 劳动量度　　C. 货币量度　　D. 工时量度

【答案】 C

【分析】 会计的核算和监督职能是会计的基本职能。从数量方面反映经济活动，可以采用三种量度：实物量度、货币量度和劳动量度（劳动工时）。其中，用货币量度计量，从数量方面综合反映各单位的经济活动情况，是现代会计的一个重要特点。

【例题2】 在社会主义市场经济条件下，会计对象是社会再生产过程中的（　　）。

A. 全部经济活动　　B. 商品运动

C. 以货币表现的经济活动　　D. 财产物资运动

【答案】 C

【分析】 会计对象的一般说明是社会再生产过程中以货币表现的经济活动。

1.2 多项选择题

【例题1】 在下列方法中，属于会计核算方法的是（　　）。

A. 成本计算　B. 财产清查　C. 复式记账　D. 登记账簿

【答案】 ABCD

【分析】 会计核算方法是对会计对象进行完整的、连续的、系统的反映和监督所应用的方法，主要包括设置会计科目和账户、复式记账、填制和审核会计凭证、登记账簿、成本计算、财产清查和编制会计报表。

1.3 判断题

【例题 1】 会计对象是核算和监督。（　）

【答案】 ×

【分析】 会计对象是指会计核算和监督的内容（经济活动—价值运动—资金运动）。

【能力训练】

1.1 单项选择题

1. （　）是指会计核算和监督的内容。

A. 会计职能　B. 会计本质　C. 会计对象　D. 会计方法

2. 会计核算工作的起点和基础是（　）。

A. 设置账户　B. 填制会计凭证

C. 编制会计报表　D. 登记账簿

3. 会计是（　）。

A. 纯粹的记账工作　B. 记账、算账、报账的工作

C. 管理活动，经济管理组成部分　D. 预测、决策、分析的工具

4. 会计的对象是指（　）。

A. 资金的投入与退出

B. 企业的各项经济活动

C. 社会再生产过程中能用货币表现的经济活动

D. 预算资金运动

5. 20 世纪前后，随着资本主义国家经济迅速发展，现代化的管理方法和技术渗透到会计领域，传统的会计分化为（　）。

A. 基础会计和财务会计　B. 财务会计和管理会计

C. 记账算账会计和控制监督会计　D. 复式会计和单式会计

6. 会计方法体系中的基本方法是（　）。

A. 会计分析方法　B. 会计预测方法

C. 会计监督方法　D. 会计核算方法

1.2　多项选择题

1. 在下列有关会计特点的描述中，恰当的是（　　）。

A. 以货币为主要计量单位　B. 以合法的原始凭证为核算依据

C. 以时间顺序组织核算　D. 有一整套专门的核算方法

2. 会计的基本职能包括（　　）。

A. 核算　B. 监督　C. 预测　D. 决策

3. 会计核算的专门方法包括（　　）。

A. 填制和审核会计凭证　B. 设置账户和复式记账

C. 成本计算和财产清查　D. 登记账簿和编制报表

4. 会计法规体系包括（　　）。

A. 会计法　B. 会计监督制度

C. 企业会计准则　D. 企业会计制度

5. 会计监督包括（　　）监督。

A. 事前　B. 事中　C. 事后　D. 全面

6. 下列（　　）属于流动资产。

A. 现金　B. 应收账款　C. 预付账款　D. 预收账款

1.3　判断题

1. 会计核算职能主要是指会计能够连续、系统、全面、综合地反映资金运动情况的功能。（　　）

2. 所有单位一律都要设置会计机构。（　　）

3. 会计以货币计量为基本计量形式。（　　）

4. 会计核算是指经济事项的事后反映。（　　）

5. 会计核算只能通过货币进行核算。（　　）

6.《会计法》规定，从事会计工作的人员，必须取得会计从业资格证书。（　　）

1.4　名词解释

1. 会计核算方法

2. 会计监督职能

3. 会计对象

4. 财务会计

5. 管理会计

6. 会计

1.5　简答题

1. 会计的职能有哪些？
2. 在社会主义市场经济条件下，会计的基本内容包括哪些？
3. 会计核算方法主要有哪几种？它们之间的关系如何？
4. 会计的特点有哪些？
5. 会计法规体系包括哪几方面？
6. 会计要素有哪些？请举例说明。
7. 担任总会计师应该具有哪些条件？
8. 会计人员取得会计从业资格的基本条件有哪些？

第2章 会计核算前提和会计核算要求

【学习目标】

通过本章的学习，明确会计核算前提是处理会计实务的前提条件；明确会计信息质量要求是确保会计信息真实可靠的保证；明确会计确认和计量要求是处理会计实务的准则和规范；理解各项会计核算前提和会计核算要求的含义、内容，并能够运用。

【学习重点】

2.1 会计核算前提

会计核算前提又称会计基本假设，是指特定的现实社会和经济条件下，决定会计运行发展的基本前提和制约条件。会计核算前提包括四项：会计主体、持续经营、会计分期和货币计量。

2.1.1 会计主体

1. 明确会计主体的必要性

在会计核算时首先要从空间上界定核算的范围，这样有利于正确反映一个经济实体所拥有的财产及承担的债务，计算其经营收益或可能遭受的损失，提供准确的会计信息。

2. 会计主体的含义

(1) 解决会计人员的立场。会计核算应当以某一范围内发生的经济业务为对象，记录和反映该范围本身的各项经济活动，并为该范围的经营管理者提供必要的信息。

(2) 界定会计核算的范围是独立的经济实体。独立的经济实体是指独立地完成生产经营活动，独立地对外结算，对外编制会计报表等。

3. 划分会计主体、法律主体和纳税主体

法律主体一般应是会计主体，但会计主体并不一定是法律主体。会计主体是纳税主体，但也有特殊的会计主体不是纳税主体。

2.1.2　持续经营

1. 建立持续经营前提的必要性

只有具备了持续经营前提，才能以历史成本作为企业资产计价的基础，才能认为资产在未来的经营活动中能够给会计主体带来经济效益，长期资产的价值才能分期转为费用。

2. 持续经营的含义

持续经营主要解决会计主体的时间范围，是指在可以预见的将来，企业不会面临破产、清算，企业将会按既定目标持续不断地经营下去，企业所拥有的各项资产在正常的生产经营活动中耗用、出售或转换，承担的债务也在正常的生产经营活动中清偿，并在正常的生产经营活动中形成经营成果。

2.1.3　会计分期

1. 会计分期的必要性

为了适应定期提供信息的需要，应将持续不断的经营活动人为地划分为各个期间。因此会计分期假设的提出是由持续经营和及时提供会计信息决定的。

2. 会计分期的含义

会计分期是指企业会计核算应当划分会计期间，即人为地把持续不断的企业经营活动过程划分为一个个首尾相接、等间距的会计期间，分期对企业经营活动实施反映和控制，确定每个会计期间的收入、费用和利润，确定每个会计期间的资产、负债与所有者权益，进行账目结算和编制会计报表。

3. 注意的问题

（1）会计期间的划分是一种人为的划分，实际的经济活动周期可能与之一致，也可能不一致，有的经济活动可以持续多个会计期间，有的经济活动在一个会计期间内可能进行多次。

（2）会计期间划分的长短会影响损益的确定，一般来说，会计期间划分得愈短，反映经济活动的会计信息质量就愈不可靠。会计期间的划分也不能过长，否则会影响会计信息使用者及时使用会计信息。

2.1.4　货币计量

1. 确立货币计量的必要性

货币的综合性特点决定了它能够作为衡量经济业务价值的共同尺度，以数量形式反映会计主体的财务状况和经营成果。会计计量是会计核算的关键环节，是会计记录和会计报告的前提，货币则是会计记录的统一尺度。

2. 货币计量的含义

(1) 以人民币作为记账本位币。

(2) 在选择了以人民币作为记账本位币后，日常经营活动中以外汇收支为主的企业，为便于企业对外开展业务，以适应企业的特点并简化核算手续，也可采用某种外币作为记账本位币。当这些境外企业向国内有关部门编制会计报表时，应当折算为人民币反映。

3. 货币计量是建立在币值基本稳定基础之上的

货币计量实际上是对经济活动进行货币估价，而货币估价的惯例是历史成本计价。采用历史成本计价，就必须假设币值基本稳定，否则会计核算难以进行。

2.2 会计信息的质量要求

会计信息的质量要求是企业所提供的会计信息的质量标准，具体表现为会计信息对于信息使用者决策有用的那些性质或特性。会计信息质量要求是实现会计目标的基础，是会计对交易或事项进行确认、计量和报告的指南，同时也是评价会计信息质量的标准。

会计信息的质量要求主要包括真实性、相关性、明晰性、可比性、经济实质重于法律形式、重要性、谨慎性、及时性等。

2.2.1 真实性

真实性也称客观性、可靠性，是指企业应当以实际发生的交易或者事实为依据进行会计确认、计量和报告，如实反映符合确认和计量要求的各项会计要素及其他相关信息，保证会计信息的真实可靠、内容完整。

2.2.2 相关性

相关性也称有用性，是指企业提供的会计信息应当与财务会计报告使用者的经济决策需要相关，有利于财务会计报告使用者对企业过去、现在或者未来的情况作出评价或者预测。

2.2.3 明晰性

明晰性也称可理解性，是指企业提供的会计信息应当清晰明了，便于财务会计报告使用者理解和使用。

2.2.4　可比性

为了明确企业财务状况和经营业绩的变化趋势，使用者必须能够比较企业不同时期的财务报表。为了评估不同企业相对的财务状况、经营成果和现金流量，使用者还必须能够比较不同企业的财务报表。因此，对整个企业及其不同时间以及对不同企业而言，同类交易或其他事项的计量和报告，都必须采用一致的方法。

2.2.5　经济实质重于法律形式

经济实质重于法律形式是指企业应当按照交易或者事项的经济实质进行会计确认、计量和报告，不应当仅以交易或事项的法律形式为依据。

2.2.6　重要性

重要性是指企业提供的会计信息应当反映与企业财务状况、经营成果和现金流量等有关的所有重要交易或事项。

2.2.7　谨慎性

谨慎性又称稳健性，是指企业对交易或者事项进行会计确认、计量和报告应当保持应有的谨慎，不应高估资产或者收益、低估负债或者费用。

2.2.8　及时性

企业对于已经发生的交易或者事项，应当及时进行会计确认、计量和报告，不得提前或者延后。

2.3　会计核算基础和会计计量要求

2.3.1　会计核算基础

1. 收付实现制

收付实现制，亦称现收现付制，是以款项是否实际收到或付出作为确定本期收入和费用的标准。采用收付实现制会计处理基础，凡是本期实际收到的款项，不论其是否属于本期实现的收入，都作为本期的收入处理；凡是本期付出的款项，不论其是否属于本期负担的费用，都作为本期的费用处理。这种会计处理基础核算手续简单，但强调财务状况的切实性，不同期间缺乏可比性，所以它主要适用于行政、事业单位。

2. 权责发生制

权责发生制，亦称应收应付制，是指企业以收入的权利和支出的义务是否归属于本期为标准来确认收入、费用的一种会计处理基础。在权责发生制下，凡是属于本期实现的收入和发生的费用，不论款项是否实际收到或实际付出，都应作为本期的收入和费用入账；凡是不属于本期的收入和费用，即使款项在本期收到或付出，也不作为本期的收入和费用处理。由于它不管款项的收付，而以收入和费用是否归属本期为准，所以也称为应计制。采用权责发生制核算比较复杂，但反映本期的收入和费用比较合理、真实，所以适用于企业。

2.3.2 会计计量要求

1. 历史成本

在历史成本计量下，资产按照购置时支付的现金或者现金等价物的金额，或者按照购置资产时所付出的对价的公允价值计量。负债按照因承担现时义务而实际收到的款项或者资产的金额，或者承担现时义务的合同金额，或者按照日常活动中为偿还负债预期需要支付的现金或者现金等价物的金额计量。

2. 重置成本

在重置成本计量下，资产按照现在购买相同或者相似资产所需支付的现金或者现金等价物的金额计量。负债按照现在偿付该项债务所需支付的现金或者现金等价物的金额计量。

3. 可变现净值

在可变现净值计量下，资产按其正常对外销售所能收到的现金或者现金等价物的金额扣减该资产至完工时估计将要发生的成本、估计的销售费用以及相关税费后的金额计量。

4. 现值

在现值计量下，资产按照预计从其持续使用和最终处置中所产生的未来净现金流入量的折现金额计量。负债按照预计期限内需要偿还的未来净现金流出量的折现金额计量。

5. 公允充值

在公允充值计量下，资产和负债按照在公平交易中，熟悉情况的交易双方自愿进行交换或者债务清偿的金额计量。

【学习难点】

权责发生制和收付实现制的区别与联系。收付实现制，亦称现收现付制，是以款项是否实际收到或付出作为确定本期收入和费用的标准。凡是本期实际收到的款项，不论其是否属于本期实现的收入，都作为本期的收入处理；凡是本期付出的款项，不论其是否属于本期负担的费用，都作为本期的费用处理。这种会计处理基础核算手续简单，但强调财务状况的切实性，不同期间缺乏可比性，所以它主要适用于行政、事业单位；权责发生制，亦称应收应付制，是指企业以收入的权利和支出的义务是否归属于本期为标准来确认收入、费用的一种会计处理基础。凡是属于本期实现的收入和发生的费用，不论款项是否实际收到或实际付出，都应作为本期的收入和费用入账；凡是不属于本期的收入和费用，即使款项在本期收到或付出，也不作为本期的收入和费用处理。采用权责发生制核算比较复杂，但反映本期的收入和费用比较合理、真实，所以适用于企业。

【典型例题分析】

2.1　单项选择题

【例题 1】　企业进行会计核算采用权责发生制，依据的会计核算基本前提是（　）。

A. 会计主体　　B. 持续经营　　C. 会计分期　　D. 货币计量

【答案】　C

【分析】　本题考查的是会计核算的基本前提问题。会计分期是指把企业持续不断的生产经营活动过程，划分为较短的等距会计期间，以便分期结算账目，按期编制会计报表，它是对会计工作时间范围的具体划分。有了会计期间这个前提，才产生了本期与非本期的区别，才产生了收付实现制和权责发生制。

【例题 2】　对应收账款计提坏账准备，遵循的会计原则是（　）。

A. 重要性　　B. 谨慎性　　C. 及时性　　D. 明晰性

【答案】　B

【分析】　本题考查的是有关谨慎性原则的运用问题。谨慎性原则是指企业对交易或者事项进行会计确认、计量和报告应当保持应有的谨慎，不应高估资产或者收益、低估负债或者费用。

【例题 3】　划分会计期间的前提是（　）。

A. 会计主体　　B. 持续经营　　C. 会计分期　　D. 货币计量

【答案】　B

【分析】 本题考查的是会计核算的基本前提问题。持续经营是指企业会计核算应以持续、正常的生产经营活动为前提而不考虑是否将破产清算。它明确了会计主体工作的时间范围。只有在持续经营前提下，才有必要和可能性进行会计分期。

2.2 多项选择题

【例题 1】 会计核算的基本前提是（　　）。

A. 会计主体　B. 会计准则　C. 持续经营　D. 会计分期

E. 货币计量

【答案】 ACDE

【分析】 本题考查的是会计核算的基本前提问题。会计核算的基本前提包括会计主体、持续经营、会计分期和货币计量。

【例题 2】 按照权责发生制的要求，下列经济业务中应计入本期收入或费用的有（　　）。

A. 预收货款，存入银行　B. 预收财产保险费

C. 摊销固定资产修理费　D. 预提短期借款利息

E. 发出产品，款已预收

【答案】 CDE

【分析】 本题考查的是有关权责发生制的问题。但是此题考核的是以后的运用问题，要结合以后的学习内容来分析。权责发生制是按照权利和责任是否发生来确认收入和费用的归属期。按照权责发生制的要求，凡是属于本期实现的收入和发生的费用，不论款项是否实际收到或实际付出，都应作为本期的收入和费用入账；凡是不属于本期的收入和费用，即使款项在本期收到或付出，也不作为本期的收入和费用处理。根据此原则，答案应为 CDE。

2.3 判断题

【例题 1】 会计主体是纳税主体，但也有特殊的会计主体不是纳税主体。（　　）

【答案】 √

【分析】 从纳税的角度看，会计主体进行生产经营活动时，凡是符合税法的纳税范围的，该会计主体作为纳税主体；若该会计主体所进行的经济活动不是纳税范围，则该会计主体不是纳税主体。

【例题 2】 会计主体明确了会计工作的时间范围。（　　）

【答案】 ×

【分析】 会计主体是指会计核算服务的对象，或者说是会计人员进行核算采取的立场及空间活动范围的界定。所以会计主体明确的是会计工作的空间范围，

而不是时间范围。

【能力训练】

2.1　单项选择题

1. 明确了会计工作的时间范围的核算前提是（　　）。

A. 会计主体　B. 持续经营　C. 会计分期　D. 货币计量

2. 按照权利和责任是否发生来确认收入和费用的归属期的原则是（　　）。

A. 权责发生制　B. 收付实现制

C. 经济实质重于法律形式　D. 谨慎性

3. 同一企业不同时期发生的相同或者相似的交易或者事项，应当采用一致的会计政策，不得随意变更，遵循的是（　　）原则。

A. 真实性　B. 可比性　C. 相关性　D. 重要性

4. 明确了会计工作的空间范围的核算前提是（　　）。

A. 会计主体　B. 持续经营　C. 会计分期　D. 货币计量

5. 对于融资租入的固定资产应作为企业的自有固定资产加以核算遵循的会计原则是（　　）。

A. 谨慎性　B. 实质重于形式　C. 明晰性　D. 及时性

6. 资产按照购置时支付的现金或者现金等价物的金额，或者按照购置资产时所付出的对价的公允价值计量，遵循的计量要求是（　　）。

A. 历史成本　B. 重置成本　C. 公允价值　D. 可变现净值

7. 资产按其正常对外销售所能收到的现金或者现金等价物的金额扣减该资产至完工时估计将要发生的成本、估计的销售费用以及相关税费后的金额计量，遵循的计量要求是（　　）。

A. 历史成本　B. 重置成本　C. 公允价值　D. 可变现净值

8. 以款项是否实际收到或付出作为确定本期收入和费用的标准，所遵循的是（　　）。

A. 权责发生制　B. 收付实现制　C. 实质重于形式　D. 及时性

2.2　多项选择题

1. 真实性原则，又称（　　）。

A. 相关性　B. 客观性　C. 可靠性　D. 可比性

E. 及时性

2. 下列经济业务中，按照权责发生制原则，确认为当期收入和费用的有（　　）。

A. 预收销货款　　　　　　　　　B. 预付购货款
C. 销售产品货款尚未收到　　　　D. 预提本月借款利息
E. 摊销应由本月负担的报刊费

3. 收付实现制，又称（　　）。

A. 权责发生制　B. 现收现付制　C. 实收实付制　D. 应收应付制
E. 现金制

4. 下列会计事项中，体现谨慎原则的是（　　）。

A. 存货计价采用先进先出法　　　B. 预提借款利息
C. 对应收账款计提坏账准备　　　D. 固定资产折旧采用直线法
E. 固定资产折旧采用加速折旧法

5. 会计计量是在会计确认的基础上，将企业发生的交易或事项予以量化的过程，会计的计量属性包括（　　）。

A. 历史成本　　B. 重置成本　　C. 可变现净值　　D. 现值
E. 公允价值

6. 下列支出属于收益性支出的是（　　）。

A. 购入原材料支出　　　　　　B. 购入自用汽车一辆
C. 支付本月工人工资　　　　　D. 购买房屋一栋
E. 购入办公用电脑十台

7. 下列支出属于资本性支出的是（　　）。

A. 购买设备一台的支出　　　　B. 购入某发明专利权一项的支出
C. 购入材料一批的支出　　　　D. 对外长期投资支出
E. 购入包装物支出

8. 根据权责发生制，应计入本期的收入和费用的会计事项有（　　）。

A. 本期实现的收入，并以收款　　B. 本期实现的收入，尚未收款
C. 属于本期的费用，尚未支付　　D. 属于以后各期的费用，但已支付
E. 以上都正确

2.3 判断题

1. 法律主体一般应是会计主体，但会计主体并不一定是法律主体。（　　）

2. 真实性和及时性属于主要的会计质量特征。（　　）

3. 重要性是指企业对于已经发生的交易或者事项，应当及时进行会计确认、计量和报告，不得提前或者延后。（　　）

4. 收付实现制，亦称现收现付制，是以款项是否实际收到或付出作为确定本期收入和费用的标准。（　　）

5. 权责发生制，亦称现金制，是指企业以收入的权利和支出的义务是否归

属于本期为标准来确认收入、费用的一种会计处理基础。（　　）

6. 同一会计期间内的各项收入和与其相关的成本、费用，应当在同一会计期间内确定。（　　）

7. 凡支出的效益与几个会计年度（或几个营业周期）相关，则该项支出应当作为收益性支出。（　　）

8. 在重置成本计量下，资产按照现在购买相同或者相似资产所需支付的现金或者现金等价物的金额计量。（　　）

2.4　名词解释

1. 会计核算前提
2. 持续经营
3. 重要性原则
4. 谨慎性原则
5. 权责发生制

2.5　简答题

1. 会计主体、法律主体和纳税主体三者的关系？
2. 可比性原则包括的内容？

第3章　会计科目和会计账户

【学习目标】

通过本章的学习，明确会计科目和账户的概念，理解会计科目与账户的关系以及总分类账户与明细账户的关系，掌握会计科目的分类方法和账户的基本结构及其登记方法。

【学习重点】

3.1　会计科目

3.1.1　会计科目的概念

企业的资金运动是复杂的，资金既有各种来源，又按需要运用到各个方面，这也就决定会计对象的具体内容是十分复杂的。为了系统反映、监督纷繁复杂的会计对象，就必须采用一定的形式，对会计对象进行分类。

会计科目是对资产、负债、所有者权益、收入、费用、利润按照经济业务内容和经济管理需要分类核算的项目。设置会计科目，就是根据会计对象的具体内容和经济管理的要求，事先规定分类核算的项目或标志的一种专门的方法。通过会计科目的设置，可以将复杂的经济活动变为有规律、容易识别的经济信息，为全面、系统、分类地反映和监督各项经济业务的发生情况以及由此而引起的各项资产、负债、所有者权益、收入、费用和利润的增减变化的确认和计量创造了条件。

3.1.2　会计科目的设置原则

会计科目作为分类提供会计信息的一种重要手段，其分类的正确与否决定着会计信息的科学性、系统性，从而决定着管理的有效性。同时，企业、事业、机关等单位，由于会计对象的具体内容即经济业务活动的不同，在具体设置会计科目时要考虑各自的特点和具体情况。因此，设置会计科目是为了系统地、分类地反映经济业务的内容，应遵循以下基本原则。

1. 全面性原则

会计科目作为对会计要素具体内容进行分类核算的项目，其设置应能保证对各会计要素作全面的反映，形成一个完整的、科学的体系。

2. 简要性原则

会计科目设置应简单明了、通俗易懂，要突出重点，对不重要的信息要合并或删减，要尽量使报表阅读者一目了然，易于理解。同时，要考虑会计信息化的要求，方便计算机操作，要加设会计科目编号。

3. 稳定性原则

为了保证会计信息的连贯性、可比性，便于在不同时期、不同行业间的会计核算指标的分析和比较，提高会计信息的有效性，会计科目的设置应在一定时期内保持稳定，不宜经常变更。

4. 统一性和灵活性兼顾原则

由于企业的经济业务千差万别，在分类核算会计要素的增减变动时，需要将统一性与灵活性相结合。

3.1.3　会计科目的分类

1. 按经济内容分类

会计科目按其经济内容的分类是主要的、基本的分类。会计科目按其反映的经济内容，可以划分为反映资产的科目、反映负债的科目、反映共同类的科目、反映所有者权益的科目、反映成本费用的科目和反映损益的科目。

2. 按其提供核算指标详细程度分类

为了既能提供总括的会计核算指标，又能提供详细的会计核算指标，会计科目应分层次设置。同一会计科目纵向的层次关系，即为会计科目的级次。会计科目按其提供指标的详细程度不同，可分为总分类科目和明细分类科目。

3.1.4　会计科目表

为了保证会计核算指标的全国统一性和可比性，便于会计信息的综合汇总和分析评价，更好地发挥会计科目的作用，目前，我国总账科目是由国家财政部统一制定的，会计科目都有统一的编号，以便于编制会计凭证、登记会计账簿、查阅账目、实行会计电算化。各企业不得随意改变或打乱重编。

3.2　账　　户

3.2.1　账户的概念

设置账户是会计核算的一种专门方法。账户是根据会计科目在账簿中开设的，具有一定的用途和结构，用来连续、系统地记载各项经济业务的一种手段。每一个账户都有一个简明的名称，用以说明该账户的经济内容。

3.2.2 会计账户的作用

科学地设置账户，其主要作用表现在以下三个方面。

1. 有利于组织会计核算

科学地设置账户，就可以使零星、分散发生的经济业务，有一个连续、系统、全面反映的归宿。

2. 有利于满足经济管理的需要

会计数据主要靠账户提供。科学地设置账户，就能使账户提供的资料，与统计、业务的有关核算资料的口径一致，同时能与经济管理所需要掌握的指标衔接起来。

3. 有利于会计检查和会计监督

会计账户不仅反映日常发生的经济业务，而且对日常发生的经济业务起到控制作用。

3.2.3 账户的基本结构

1. 账户的基本内容及一般格式

账户的格式取决于它所反映指标的具体内容，没有硬性的规定，可以多种多样。但一般来说，任何一种账户格式的设计，都应包括以下基本内容：

（1）账户的名称（会计科目）；

（2）日期和凭证号数（说明经济业务发生的时间和账户记录的来源）；

（3）摘要（概括地说明经济业务的内容）；

（4）金额及余额。

2. "T" 形账户

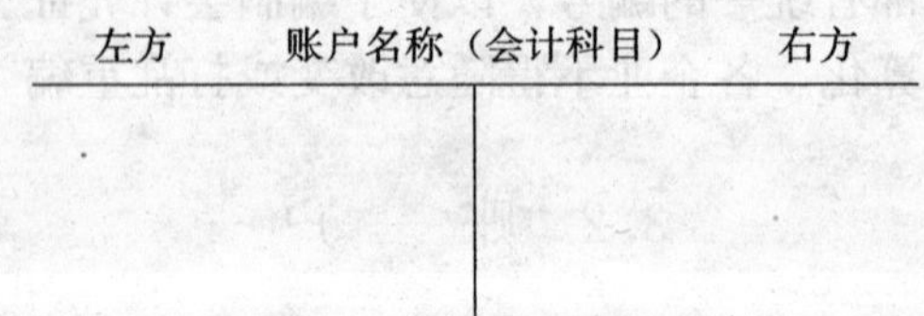

这种账户的结构可简化为"T"形图，所以称之为"T"形账户。"T"形账户的左、右两方分别用来记录增加金额和减少金额。增加金额和减少金额相抵后的差额，称为账户余额。余额按其表现的时间，分为期初余额和期末余额。因此通过账户记录，可以提供期初余额、本期增加额、本期减少额和期末余额四个核算指标。

（1）期初余额：上期的期末余额就是本期的期初余额，因此其数字来源于相同账户上期期末余额的结转。

（2）本期增加额：指一定会计期间内账户所登记的增加金额的合计数。

（3）本期减少额：指一定会计期间内账户所登记的减少金额的合计数。

（4）期末余额：在没有期初余额的情况下，期末余额是本期增加额和本期减少额相抵后的差额；在有期初余额的情况下，期末余额可以通过下列公式计算：

期末余额＝期初余额＋本期增加额－本期减少额

3.2.4　总分类账户与明细分类账户

1. 总分类账户与明细分类账户的概念

总分类账户是对企业经济活动的具体内容进行总括核算的账户，它能够提供某一具体内容的总括核算指标，亦称总账账户、一级账户。每一个企业都要根据本企业业务的特点和统一制定的账户名称，设置若干个总分类账户。

明细分类账户是对企业某一经济业务进行明细核算的账户，它能够提供某一具体经济业务的明细核算指标。

明细分类账户是依据企业经济业务的具体内容设置的，它所提供的明细核算资料主要是满足企业内部经营管理的需要，各个企业、单位的经济业务具体内容不同，经营管理的水平不一致，明细分类账户的名称、核算内容及使用方法也就不能统一规定，只能由各企业单位根据经营管理的实际需要和经济业务的具体内容自行规定。

2. 总分类账户与明细分类账户的关系

1）总分类账与明细分类账之间的联系

总分类账与明细分类账之间的内在联系体现在以下两个方面。

（1）两者所反映的经济业务的内容相同。

总分类账与明细分类账之间的内在联系实质上体现为总分类账户与明细分类账户之间的联系。

（2）两者的登账依据相同。

总分类账与明细分类账都是根据审核无误的原始凭证和记账凭证来登记的。

2）总分类账与明细分类账的区别

总分类账与明细分类账的区别主要表现在以下两个方面。

（1）反映经济内容的详尽程度不同。

总账反映经济业务引起各会计要素增减变化的总括情况，提供账户的总括信息；明细账反映经济业务引起各会计要素增减变化的详细情况，提供某一具体项目的信息。有些明细账还可提供实物数量方面的信息。

（2）作用不同。

总账提供的信息是综合性信息，对所属明细账起统驭和控制作用；明细账是对总账的补充，对总账起补充说明作用，用来说明总分类账户是由哪些具体内容所组成。

3. 总分类账户与明细分类账户之间的平行登记

（1）平行登记：总分类账户与明细分类账户的平行登记，是指对于发生的每一项经济业务，依据原始凭证和记账凭证分别在总分类账户和其所属的明细分类账户进行登记的方法。

（2）登记规则：可以概括同时期、同方向、同金额。

4. 平行登记的数量关系

根据总分类账与其所属明细分类账平行登记规则记账后，总分类账与明细分类账之间产生了下列数量关系：

（1）总分类账相关账户的本期发生额与其所属各明细分类账户本期发生额的合计数之和必然相等。

公式表示为：总分类账本期发生额＝明细分类账本期发生额之和。

（2）总分类账有关账户期末余额与其所属各明细分类账户期末余额之和必然相等。

公式表示为：总分类账期末余额＝明细账期末余额之和。

【学习难点】

（1）会计科目的概念、设置原则及其分类；

（2）账户的概念及其基本结构；

（3）总分类账户与明细分类账户的关系及平行登记。

【典型例题分析】

3.1 单项选择题

【例题1】（　　）是指那些核算内容与收入、费用相关的科目。

A. 资产类科目　　B. 负债类科目

C. 损益类科目　　D. 所有者权益类科目

【答案】 C

【分析】 损益类科目是指那些核算内容与损益的计算确定直接相关的科目。该类科目主要是指那些用来反映企业收入和费用的科目，因此，C 选项正确。

【例题 2】 （ ）是根据会计科目在账簿中开设的，具有一定的用途和结构，用来连续、系统地记载各项经济业务的一种手段。

A. 会计要素　B. 会计账户　C. 会计对象　D. 会计凭证

【答案】 B

【分析】 账户是根据会计科目在账簿中开设的，具有一定的用途和结构，用来连续、系统地记载各项经济业务的一种手段，因此，B 选项正确。

【例题 3】 会计科目作为对会计要素具体内容进行分类核算的项目，其设置应能保证对各会计要素作全面的反映，形成一个完整的、科学的体系，指的是会计科目设置的（ ）原则。

A. 全面性　B. 简要性

C. 稳定性　D. 统一性和灵活性兼顾

【答案】 A

【分析】 能保证对各会计要素作全面的反映，形成一个完整的、科学的体系指的是会计科目设置的全面性原则，因此，A 选项正确。

3.2 多项选择题

【例题 1】 账户一般应包括下列哪些项目（ ）。

A. 账户的名称　B. 日期和摘要

C. 凭证号数　D. 增加（减少）的金额及余额

【答案】 ABCD

【分析】 账户的格式取决于它所反映指标的具体内容，没有硬性的规定，可以多种多样。但一般来说，任何一种账户格式的设计，都应包括以下基本内容：账户的名称（会计科目）；日期和凭证号数（说明经济业务发生的时间和账户记录的来源）；摘要（概括地说明经济业务的内容）；金额及余额，因此，A、B、C、D 选项正确。

【例题 2】 总分类账与明细分类账之间的内在联系体现在以下（ ）方面。

A. 两者所反映的经济业务的内容相同

B. 两者的登账依据相同

C. 反映经济内容的详尽程度相同

D. 作用相同

【答案】 AB

【分析】 总分类账与明细分类账之间的内在联系体现在：两者所反映的经济业务的内容和登账依据相同，因此，A、B 选项正确。总分类账与明细分类账的区别主要表现在：两者作用不同、反映经济内容的详尽程度不同，因此，C、D选择不正确。

【例题 3】 通过账户记录，可以提供（　　）核算指标。

A. 期初余额　　B. 本期增加额　　C. 本期减少额　　D. 期末余额

【答案】 ABCD

【分析】 “T”形账户的左、右两方分别用来记录增加金额和减少金额。增加金额和减少金额相抵后的差额，称之为账户余额。余额按其表现的时间，分为期初余额和期末余额。因此通过账户记录，可以提供期初余额、本期增加额、本期减少额和期末余额四个核算指标。因此，A、B、C、D选项正确。

3.3 判断题

【例题 1】 会计科目按其提供核算指标详细程度分类是主要的、基本的分类。（　　）

【答案】 ×

【分析】 会计科目按其经济内容分类是主要的、基本的分类。

【例题 2】 目前，我国总账科目是由国家财政部统一制定的，会计科目都有连续的编号，以便于编制会计凭证、登记会计账簿、查阅账目、实行会计电算化。（　　）

【答案】 ×

【分析】 目前，我国总账科目是由国家财政部统一制定的，会计科目都有统一（但不连续）的编号，以便于编制会计凭证、登记会计账簿、查阅账目、实行会计电算化。

【例题 3】 明细分类账是对企业某一经济业务进行明细核算的账户，它能够提供某一具体经济业务的明细核算指标。（　　）

【答案】 √

【分析】 明细分类账是对企业某一经济业务进行明细核算的账户，它能够提供某一具体经济业务的明细核算指标。

【能力训练】

3.1 单项选择题

1. 会计对象的具体化是（　　）。

A. 会计科目　　B. 会计原则　　C. 会计要素　　D. 会计账户

2. 会计科目是（　　）。

A. 会计要素的名称　　B. 会计报表的名称

C. 账簿的名称　　D. 账户的名称

3. 账户是根据（　　）开设的，具有一定的结构和格式，用来对会计对象的具体内容进行分类核算和监督的一种工具。

A. 资金运动　　B. 会计对象　　C. 会计科目　　D. 账户结构

4. 会计科目是对（　　）的具体内容进行分类核算的项目。

A. 经济业务　　B. 会计账户　　C. 会计对象　　D. 业务性质

5. 为了保证会计信息的连贯性、可比性，便于在不同时期、不同行业间的会计核算指标的分析和比较，提高会计信息的有效性，会计科目的设置在一定时期不宜经常变更，指的是（　　）原则。

A. 全面性　　B. 简要性

C. 稳定性　　D. 统一性和灵活性兼顾

6. （　　）是指对于发生的每一项经济业务，依据原始凭证和记账凭证分别在总分类账户和其所属的明细分类账户进行登记的方法。

A. 设置账簿　　B. 平行登记　　C. 填制凭证　　D. 试算平衡

7. （　　）是对企业经济活动的具体内容进行总括核算的账户，它能够提供某一具体内容的总括核算指标。

A. 总分类账户　　B. 明细分类账户

C. 子目　　D. 细目

8. 账户的格式中说明经济业务发生的时间和账户记录的来源的是（　　）。

A. 账户的名称（会计科目）　　B. 日期和凭证号数

C. 摘要　　D. 金额及余额

9. 在没有期初余额的情况下，（　　）是本期增加额和本期减少额相抵后的差额。

A. 期初余额　　B. 期末余额　　C. 本期增加额　　D. 本期减少额

10. 账户的格式中概括地说明经济业务的内容的是（　　）。

A. 账户的名称（会计科目）　　B. 日期和凭证号数

C. 摘要　　D. 金额及余额

3.2　多项选择题

1. 平行登记的登记规则可以概括为（　　）。

A. 同时期　　B. 同方向　　C. 同金额　　D. 同时间

2. 会计科目是为了系统地、分门别类地反映经济业务的内容，因此应遵循（　　）原则。

A. 全面性　　B. 简要性

C. 稳定性　　D. 统一性和灵活性兼顾

3. 会计科目按其反映的经济内容，可以划分为反映（　　）的科目。

A. 资产、负债　B. 损益　C. 所有者权益　D. 成本费用

4. 总分类账与明细分类账之间的区别体现在以下（　　）方面。

A. 两者所反映的经济业务的内容不同

B. 两者的登账依据不同

C. 反映经济内容的详尽程度不同

D. 作用不同

5. 下列会计科目中，属于所有者权益类科目的是（　　）。

A. 库存现金　B. 盈余公积　C. 实收资本　D. 资本公积

6. 会计科目按其提供核算指标详细程度分类，可以划分为（　　）科目。

A. 资产、负债　B. 损益　C. 总分类　D. 明细分类

7. 根据总分类账与其所属明细分类账平行登记规则记账后，总分类账与明细分类账之间的数量关系是（　）。

A. 总分类账相关账户的本期发生额与其所属各明细分类账户本期发生额的合计数之和必然相等

B. 分类账有关账户期末余额与其所属各明细分类账户期末余额之和必然相等

C. 总分类账相关账户的本期发生额与其所属各明细分类账户本期发生额的合计数之和必然不等

D. 分类账有关账户期末余额与其所属各明细分类账户期末余额之和必然不等

8. 下列会计科目中，属于负债类科目的是（　　）。

A. 应付账款　B. 应收账款　C. 预付账款　D. 预收账款

9. 账户一般应包括下列哪些项目（　　）。

A. 账户的名称　B. 日期和摘要

C. 凭证号数　D. 增加（减少）的金额及余额

10. 总分类账户是对企业经济活动的具体内容进行总括核算的账户，它能够提供某一具体内容的总括核算指标，亦称（　　）。

A. 总账账户　B. 一级账户　C. 子目　D. 细目

3.3　判断题

1. 设置会计科目，就是根据会计对象的具体内容和经济管理的要求，事先规定分类核算的项目或标志的一种专门的方法。（　　）

2. 会计科目设置应简单明了、通俗易懂，要突出重点，对重要及不重要的信息要合并或删减，要尽量使报表阅读者一目了然，易于理解。（　　）

3. 按流动资产的类别，又可细分为以下几类：反映货币资金的科目、反映存货的科目、反映债权的科目。（　　）

4. 目前，我国总账科目是由各企业制定的，会计科目都有统一的编号，以便于编制会计凭证、登记会计账簿、查阅账目、实行会计电算化。(　　)

5. 会计科目只是对会计要素的具体内容进行分类的项目或标志，但是单位发生的各种经济业务核算的具体数据资料，则是通过账户记录取得的。(　　)

6. 科学地设置账户，就可以使零星、分散发生的经济业务，有一个连续、系统、全面反映的归宿。(　　)

7. 账户的格式取决于它所反映指标的具体内容，没有硬性的规定，可以多种多样。但一般来说，任何一种账户格式的设计，都应包括以下基本内容：账户的名称（会计科目）；日期和凭证号数（说明经济业务发生的时间和账户记录的来源）；摘要（概括地说明经济业务的内容）；金额及余额。(　　)

8. 明细分类账户是对企业经济活动的具体内容进行总括核算的账户，它能够提供某一具体内容的核算指标。(　　)

9. 总分类账户提供总括核算指标，而明细分类账户提供总分类账户所记内容的具体指标，所以，记入总分类账户的金额与记入其所属各明细分类账户的金额相等。这里不仅只是表明数量关系，而且是借方发生额相等和贷方发生额相等的关系。(　　)

10. 平行登记的登记规则可以概括为同时间、同方向、同金额。(　　)

3.4　名词解释

1. 会计科目
2. 总分类科目
3. 明细分类科目
4. 账户
5. 总分类账户
6. 明细分类账户
7. 平行登记

3.5　简答题

1. 会计科目设置的原则是什么？
2. 会计科目如何按经济内容分类？
3. 会计科目如何按提供指标的详细程度分类？
4. 会计科目与会计账户的联系与区别是什么？
5. 会计账户的基本结构包括哪些内容？
6. 总分类账户和明细分类账户的关系是什么？
7. 总分类账户和明细分类账户的平行登记包括哪些内容？

第4章 复式记账

【学习目标】

通过本章的学习，了解经济业务的类型、记账方法的含义及种类；理解会计等式的意义、复式记账的含义和特点、借贷记账法的含义和记账规则；领会记账、会计分录、过账、结账之间的内在联系和账户的对应关系；掌握会计等式中各个会计要素之间的关系以及经济业务发生后对会计等式中各个会计要素的影响、借贷记账法下各类账户的结构、会计分录的编制及试算平衡。

【学习重点】

4.1 会计等式

4.1.1 会计要素平衡关系

1. 反映资产、负债、所有者权益三大要素平衡关系的会计等式

资产 = 权益

资产 = 债权人权益 + 所有者权益

或

资产 = 负债 + 所有者权益

2. 反映收入、费用、利润三大要素平衡关系的会计等式

收入 − 费用 = 利润(或亏损)

3. 反映六大要素平衡关系的会计等式

资产 = 负债 + 所有者权益 +(收入 − 费用)

或

资产 = 负债 + 所有者权益 + 净收益

在会计期末，企业的净收益经过利润分配所形成的盈余公积和未分配利润，是所有者权益的组成内容。这样，会计等式又恢复为：

资产 = 负债 + 所有者权益

“资产=负债+所有者权益+净收益”通常被称为会计等式的扩展等式，而

"资产＝负债＋所有者权益"则被称为会计等式的基本等式。

4.1.2 经济业务发生对会计等式的影响——恒等性验证

1. 资产和权益变动对会计等式的影响和结果

企业日常发生的经济业务可以归纳为以下四种类型：

第一种类型：会计等式左右两方同时等额增加，并保持平衡。

第二种类型：会计等式左右两方同时等额减少，并保持平衡。

第三种类型：会计等式的资产一方一个项目增加，另一个项目减少。增减的金额相等，资产总额不变，会计等式左右两方仍保持平衡。

第四种类型：会计等式的权益一方包括负债和所有者权益的一个项目增加，另一个项目减少，增减的金额相等，权益总额不变，会计等式左右两方仍保持平衡。

2. 收入和费用的变动对会计等式的影响和结果

收入和费用经济业务的变动，其变动结果不外乎是利润或亏损，它们会引起会计等式左右两边的会计要素发生增减变动，但变动的结果仍然不会影响会计等式的平衡关系。

从以上的分析可以得出如下结论：企业中的任何经济业务都不会破坏会计等式的平衡关系，"资产＝负债＋所有者权益"是会计核算的基本恒等式。

4.2 借贷记账法

4.2.1 记账方法

1. 记账方法的种类

单式记账法是对经济业务只作单方登记，而不反映其来龙去脉的一种记账方法。复式记账法是从单式记账法发展而来的。对于每一笔经济业务所引起的会计要素及其项目的增减变动，都以相等的金额，在两个或两个以上的账户中相互联系地进行登记的记账方法就是复式记账法。

2. 复式记账原理

复式记账体现了会计等式的平衡原理。按照复式记账法记账，它的科学性表现在以下两个方面。

第一，不仅可以了解每一项经济业务的来龙去脉，而且通过全部经济业务的数据记录可以了解经济活动的全过程和结果。

第二，可以利用账户记录进行试算平衡，以检查账户记录的正确与否。

4.2.2 借贷记账法

1. 借贷记账法的记账符号

借贷记账法是以“借”、“贷”二字作为记账符号，反映各项会计要素增减变动情况的一种复式记账法。

2. 借贷记账法的记录方法和账户结构

会计要素的各类经济业务的增加额和减少额在账户中的记录方位如下图。

账户名称（会计科目）

借方	贷方
资产增加额	资产减少额
费用增加额	费用减少额
负债减少额	负债增加额
所有者权益减少额	所有者权益增加额
收入减少额	收入增加额

3. 借贷记账法的记账规则

借贷记账法的记账规则是：“有借必有贷，借贷必相等。”

4. 借贷记账法账户的对应关系和会计分录

运用借贷记账法记账，任何一笔经济业务都至少涉及两个账户，在两个或两个以上账户中登记经济业务数据后，账户之间就具有了相互对照的关系，这种关系被称之为“账户对应关系”，存在着对应关系的账户则称为“对应账户”。

为了保障账户记录的正确性，在把经济业务数据记入账户之前，要根据经济业务的原始凭证编制会计分录。根据经济业务的内容，确定账户、金额和记账方位（即借方或贷方）的记录，称为会计分录。所以，会计分录包含三项要素：①账户名称；②应借和应贷账户方位；③记账金额。

会计分录分为简单会计分录和复合会计分录。在账户的对应关系清楚的前提下，编制复合会计分录不仅可以使记账工作具有简化、节省之便，并能完整地反映经济业务的全貌。但为了保障账户的对应关系清楚，复合会计分录一般会采取一个借方和几个贷方账户或几个借方账户和一个贷方账户相对应，尽可能地避免几个借方账户和几个贷方账户相对应。

5. 借贷记账法的过账和结账

各项经济业务编制会计分录后，应据以登记有关账户，这一过程称为登记账簿，又可简称为“登账”或“过账”。期末还要结出每个账户的本期借方发生额、本期贷方发生额和期末余额，这一过程称为“结账”。

6. 借贷记账法的试算平衡

1）编制“本期发生额试算表”进行试算平衡

其平衡公式是：

$$\frac{\text{全部账户本期}}{\text{借方发生额合计}} = \frac{\text{全部账户本期}}{\text{贷方发生额合计}}$$

2）编制“本期期末余额试算表”进行试算平衡

其平衡公式是：

$$\frac{\text{全部账户期末}}{\text{借方余额合计}} = \frac{\text{全部账户期末}}{\text{贷方余额合计}}$$

也可以将上述两种试算表合并为一张试算表进行试算平衡。

【学习难点】

（1）经济业务与会计等式之间变化的四种类型、九种情况；

（2）借贷记账法的账户结构；

（3）会计分录的编制。

【典型例题分析】

4.1　单项选择题

【例题 1】 资产＝负债＋所有者权益不是（　　）。

A. 设置账户的理论依据

B. 复式记账的理论依据

C. 编制资产负债表的理论依据

D. 总分类账户与明细分类账户平行登记的理论依据

【答案】 D

【分析】 会计基本等式即资产＝负债＋所有者权益，是设置账户，复式记账和编制会计报表等会计核算方法的理论依据，这一理论在会计核算中有着头等重要的地位。

【例题 2】 引起资产与负债或所有者权益同时减少的经济业务是（　　）。

A. 以银行存款偿还前欠供货单位的购料款

B. 售出产品货款尚未收到

C. 从银行提取现金

D. 以银行存款购入材料

【答案】 A

【分析】 根据资产＝负债＋所有者权益的会计等式可知，资产与负债或所有者权益同时减少的业务，可以是资产和负债同减相同的金额，也可以是资产和所有者权益同减相同的金额，还可以是负债和所有者权益两者减少的金额与资产减少的金额相等。要找出本题的答案可先找出哪个属于资产的减少。本题四个备选项均有资产减少。其次再找出哪一项属于负债或所有者权益的减少。这样就不难发现只有第一项符合题意。做这类选择题，首先要识记会计要素的含义，其次要领会哪些业务会引起资产负债或所有者权益的增减变化。

【例题 3】 引起资产内部一个项目增加，另一个项目减少，而资金总额不变的经济业务是（　　）。

A. 用银行存款偿还短期借款　　B. 收到投资者投入的机器一台

C. 收到外单位前欠货款　　D. 收到国家投入货币资金存入银行

【答案】 C

【分析】 引起资产项目此增彼减，而资金总额不变的业务，绝对不会涉及负债及所有者权益项目。A 选项涉及负债，B 选项涉及所有者权益的增加，D 选项也涉及到所有者权益，只有收到外单位欠款所涉及的银行存款和应收账款才都属于资产项。收到归还欠款，增加银行存款，减少应收账款，这显然是资产项目内此增彼减，增减的绝对数相等，其资金总额不变。

【例题 4】 所有者权益增加可能会引起（　　）。

A. 资产增加　　B. 资产减少　　C. 负债增加　　D. 费用增加

【答案】 A

【分析】 根据会计恒等式“资产＝负债＋所有者权益”可知，所有者权益增加可能导致资产增加，负债减少，或者费用减少。

【例题 5】 企业接受投资者投入设备，会引起（　　）。

A. 资产与负债同增　　B. 资产与所有者权益同增

C. 资产与负债一增一减　　D. 资产与所有者权益一增一减

【答案】 B

【分析】 企业接受投资者投入设备一方面使企业的设备即资产中的固定资产增加，另一方面使所有者权益中的实收资本增加，所以最终会使资产与所有者权益同增。而根据会计恒等式“资产＝负债＋所有者权益”可知，任何业务都不会使会计等式两方一增一减，即备选项 C、D 是不可能的。至于 A 选项，企业接受投资应是所有者权益，而不是债权人权益，所以也排除。

4.2 多项选择题

【例题 1】 权益所包括的内容有（　　）。

A. 投入资本　　B. 负债　　C. 未分配利润　　D. 盈余公积

E. 资本公积金

【答案】 ABCDE

【分析】 权益包括债权人权益和所有者权益两种。负债属债权人权益；投入资本、未分配利润、盈余公积金、资本公积金均属所有者权益。从本题可知，要识别权益包括的内容，既要掌握权益的总组成，还要掌握其每个组成下的详细内容。

【例题 2】 借贷记账法账户贷方登记（　　）。

A. 资产的增加　　B. 负债的减少

C. 费用的减少　　D. 所有者权益的增加

E. 收入、利润的增加

【答案】 CDE

【分析】 借贷记账法下，账户的借方登记资产的增加、负债和所有者权益的减少；账户的贷方登记资产的减少、负债和所有者权益的增加。本知识点是借贷记账法的最基本要点，非熟悉掌握不可。

【例题 3】 下列属于资产和权益项同时增加的经济业务有（　　）。

A. 收到前欠货款存入银行　　B. 向银行借入短期借款存入银行

C. 从银行提取现金备用　　D. 购进材料，货款未付

E. 将盈余公积转增资本

【答案】 BD

【分析】 收到前欠货款存入银行属于资产的增加和债权人权益的减少；从银行提取现金备用属于资产内部此增彼减；将盈余公积转增资本也不涉及资产的增加。只有向银行借入短期借款存入银行，购进材料货款未付，这两笔业务才能使资产和权益项目同增。这里要特别说明的是：负债的增加就是债权人权益的增加，即负债就是债权人权益。

【例题 4】 在借贷记账法下，期末结账后，一般没有余额的账户有（　　）。

A. 资产账户　　B. 负债账户

C. 所有者权益账户　　D. 费用账户

E. 收入账户

【答案】 DE

【分析】 费用账户和收入账户之所以期末一般无余额，是因为这些账户到期末都要转到本年利润账户中去，以便结出当期的损益。

【例题 5】 下列经济业务中，不影响会计等式总额的有（　　）。

A. 收到购货方偿还前欠货款　　B. 用银行存款购入材料

C. 用银行借款直接偿还前欠货款　　D. 用银行存款交纳税金

E. 将盈余公积转增资本

【答案】 ABCE

【分析】 收到购货方偿还前欠货款，用银行存款购入材料，使得资产一增一减，会计等式总额不变；用银行借款直接偿还前欠货款，使得负债一增一减，会计等式总额依然不变；将盈余公积转增资本，使得所有者权益一增一减，会计等式总额仍旧不变；用银行存款交纳税金，则一方面减少了资产，另一方面减少了负债，使得会计等式两边总额减少。

4.3 判断题

【例题 1】 资产＝负债＋所有者权益，这一恒等关系是复式记账的理论基础，也是编制利润表的基础。（ ）

【答案】 ×

【分析】 会计恒等式是编制资产负债表的基础，而非利润表的编制基础。

【例题 2】 余额试算平衡是根据资产和权益的恒等关系，检验本期发生额记录是否正确的方法。（ ）

【答案】 ×

【分析】 发生额试算平衡是根据借贷记账法的记账规则，检验本期发生额记录是否正确的方法。余额的试算平衡不能检验发生额记录的准确性。

【例题 3】 如果在试算平衡表上实现了期末余额、本期发生额和期末余额三栏的恒等关系，则表明账户记录是完全正确的。（ ）

【答案】 ×

【分析】 借贷记账法下的试算平衡本身具有局限性，也不能保证所有记录均正确。因为有些错误是通过试算平衡无法发现的。

【例题 4】 只要发生经济业务，就会引起会计等式两边发生变化。（ ）

【答案】 ×

【分析】 有的经济业务可能使会计等式一方中的项目有增有减，如资产内部一增一减。

【例题 5】 “制造费用”与“管理费用”两个账户均属于费用账户，一般情况下，期末均无余额，因为已转入“本年利润”账户中。（ ）

【答案】 ×

【分析】 “制造费用”期末无余额，是因为转入到“生产成本”账户中；“管理费用”期末无余额，是因为转入到“本年利润”账户中。（ ）

【能力训练】

4.1 单项选择题

1. 经济业务发生后，（ ）会计等式的平衡关系。

A. 不会破坏　　B. 破坏　　C. 可能影响　　D. 可能会破坏

2. 以下经济业务中，仅引起权益内部项目增减变动的是（　　）。

A. 用银行存款支付购货款　　B. 将盈余公积转增资本

C. 销售产品货款尚未收到　　D. 借入短期借款存入银行

3. 企业收到购货单位的银行转账支票，用以偿还该单位前欠货款的业务，属于（　　）变化业务。

A. 资产项目之间此增彼减　　B. 权益项目之间此增彼减

C. 资产项目和权益项目同时增加　　D. 资产项目和权益项目同时减少

4. 会计等式的基本等式是（　　）。

A. 收入－费用＝利润

B. 资产＝负债＋所有者权益＋（收入－费用）

C. 资产＝负债＋所有者权益＋净收益

D. 资产＝负债＋所有者权益

5. 收入和费用发生变动引起亏损，会使所有者权益（　　）。

A. 增加　　B. 减少　　C. 不变　　D. 不能确定

6. 企业 10 月末负债总额 150 万元，11 月份收回应收账款 15 万元存入银行，用存款归还借款 20 万元，预付购货款 10 万元，则 11 月末负债总额为（　　）万元。

A. 175　　B. 130　　C. 185　　D. 140

7. 复式记账的理论依据是（　　）。

A. 会计假定　　B. 会计制度　　C. 财务制度　　D. 会计等式

8. 关于借贷记账法，下列各种说法中，正确的应是（　　）。

A. 账户的借方登记增加额，贷方登记减少额，余额在借方

B. 借贷的含义表示“债权”、“债务”

C. 从单个账户看，其借方发生额等于贷方发生额

D. 从整个企业看，全部账户的借方本期发生额合计等于贷方本期发生额合计

9. 负债类和所有者权益类账户的减少额应记入（　　）。

A. 借方　　B. 贷方　　C. 借方和贷方　　D. 不能确定

10. 对于收入类账户，下列说法中不正确的是（　　）。

A. 借方登记转销数　　B. 贷方登记转销数

C. 期末结转后该类账户应无余额　　D. 其结构类似所有者权益类账户

11. 下列账户中，期末余额一般在借方的是（　　）。

A. 负债类账户　　B. 所有者权益类账户

C. 收入类账户　　D. 资产类账户

12. “应付账款”账户的期初余额为 8 000 元，本期增加额为 12 000 元，期

末余额为 6 000 元，该账户的本期减少额为（　　）元。

A. 10 000　　B. 4 000　　C. 2 000　　D. 14 000

13. 在借贷记账法下，账户哪一方登记增加额，哪一方登记减少额，取决于（　　）。

A. 账户的性质　B. 记账的方法　C. 记账的规则　D. 账户的用途

14.（　　）通常没有期末余额。

A. 资产账户　　B. 负债账户

C. 所有者权益账户　　D. 损益账户

15. 采用借贷记账法经试算平衡则说明本期账户记录（　　）。

A. 肯定有错误　　B. 肯定没有错误

C. 一般说来没有错误　　D. 不能确定

4.2　多项选择题

1. 企业在（　　），会计基本等式为资产＝负债＋所有者权益。

A. 会计期初　B. 会计期中　C. 结账之前　D. 会计期末

2. 引起资产和负债要素增减变动的经济业务有以下（　　）类型。

A. 资产和负债等额同增

B. 资产和负债等额同减

C. 资产和负债有增有减，增减金额相等

D. 资产内部此增彼减，增减金额相等

E. 负债内部此增彼减，增减金额相等

3. 将银行借款存入银行时，这项经济业务会引起企业（　　）。

A. 所有者权益增加　　B. 资产增加

C. 负债增加　　D. 费用增加

4. 以银行借款偿还应付账款时，这项经济业务会引起企业（　　）。

A. 资产总额不变　　B. 负债总额不变

C. 所有者权益不变　　D. 收入不变

5. 下列经济业务中，（　　）会引起会计恒等式两边同时发生增减变动。

A. 用银行存款偿还前欠应付账款　　B. 购进材料，款未付

C. 从银行提取现金　　D. 向银行借款，存入银行

6. 复式记账的特点有（　　）。

A. 对每项经济业务都在至少两个账户中作双重记录

B. 有借必有贷，借贷必相等

C. 可以试算平衡以检查账户记录的正确性

D. 其理论依据是会计等式的平衡原理

7. 借贷记账法下借方表示（　　）。

A. 资产的增加　B. 收入的增加　C. 费用的增加　D. 负债的增加

8. 借贷记账法下贷方表示（　　）。

A. 收入的减少　　B. 费用的减少

C. 所有者权益的减少　　D. 资产的减少

9. 对于负债类账户，下列说法正确的有（　　）。

A. 借方登记增加额，贷方登记减少额

B. 借方登记减少额，贷方登记增加额

C. 期末余额一般在贷方

D. 借方本期发生额一定小于贷方本期发生额

10. 对于资产类账户，下列说法正确的有（　　）。

A. 借方登记增加额，贷方登记减少额

B. 借方登记减少额，贷方登记增加额

C. 期末余额一般在借方

D. 借方本期发生额一定大于贷方本期发生额

11. 借贷记账法下，与负债类账户的记录方法相同的有（　　）。

A. 资产类账户　　B. 收入类账户

C. 费用类账户　　D. 所有者权益类账户

12. 每一笔会计分录都必须包括（　　）。

A. 会计科目　　B. 应借账户方位

C. 应贷账户方位　　D. 记账金额

13. 购买原材料一批价款 5 000 元，用银行存款支付 2 500 元，其余暂欠。此项经济业务所涉及的账户有（　　）。

A. 原材料　B. 库存现金　C. 银行存款　D. 应付账款

14. 投资人以固定资产作为资本投入本企业，此项经济业务所涉及的账户有（　）。

A. 固定资产　B. 长期股权投资　C. 应付账款　D. 实收资本

15. 销售商品一批，货款收讫一半，其余购货单位暂欠。关于此笔经济业务正确的描述是（　　）。

A. 这是一笔复合会计分录　　B. 它涉及 2 个会计账户

C. 它涉及 3 个会计账户　　D. 这是一笔简单会计分录

16. 会计分录“借：a 账户、b 账户、c 账户；贷：d 账户”所表明的账户的对应关系是（　　）。

A. a 是 b 的对应账户　　B. a 是 c 的对应账户

C. a 是 d 的对应账户　　D. b 是 d 的对应账户

E. c是d的对应账户

17. 借贷记账法试算平衡的依据是（　　）。

A. 会计原则　　B. 会计等式　　C. 记账规则　　D. 会计核算方法

18. 下列错误不能通过试算平衡发现的是（　　）。

A. 一笔经济业务借贷双方都漏记或重记

B. 一笔经济业务借贷双方金额都发生了相同的错误

C. 一笔经济业务过账时金额有错误，但错误金额抵消

D. 一笔经济业务的应借应贷方向颠倒

19. 进行试算平衡时，需要编制有关试算表，其依据的平衡公式有（　　）。

A. 资产＝负债＋所有者权益

B. 收入－费用＝利润

C. 全部账户本期借方发生额合计＝全部账户本期贷方发生额合计

D. 全部账户本期借方余额合计＝全部账户本期贷方余额合计

20. 借贷记账法的基本内容有（　　）。

A. “借”、“贷”记账符号及账户结构

B. 记账规则

C. 账户对应关系和会计分录

D. 试算平衡

4.3 判断题

1. 每个企业单位的资产总量与权益总量必然相等。（　　）

2. 经济业务的发生，对会计等式的影响可以归结为九种不同的类型。（　　）

3. 一切经济业务的发生，都会引起会计等式左右两边数额发生变化。（　　）

4. 会计恒等式是设置账户、复式记账和构筑会计报表等会计核算方法的理论依据。（　　）

5. “借”、“贷”二字的含义是：借为借入，表示债务增加；贷为贷出，表示债权增加。（　　）

6. 凡是金额在借方的账户，称为资产账户；凡是金额在贷方的账户，称为负债账户。（　　）

7. 在借贷记账法下，所有账户的余额都在借方。（　　）

8. 在某个账户中，如果贷方用来登记某项要素的增加额，其借方则一定用来登记该项要素的减少额。（　　）

9. 负债类账户的结构与资产类账户的结构正好相反。（　　）

10. 一般地说，账户期末余额的方向（借方或贷方）与本期增加额登记的方向是一致的。（　　）

11. 为了使账户的对应关系清晰正确，只能编制一借一贷的会计分录。(　　)

12. “库存现金”账户与“银行存款”账户是一对固定的对应账户。(　　)

13. 采用借贷记账法必定是在两个账户中同时登记。(　　)

14. 复合会计分录不能分解为几个简单会计分录。(　　)

15. 任何会计期间，各个账户的借方发生额合计必然等于各个账户的贷方发生额合计。(　　)

4.4 名词解释

1. 会计等式
2. 记账
3. 单式记账法
4. 复式记账法
5. 借贷记账法
6. 账户对应关系
7. 对应账户
8. 会计分录
9. 简单的会计分录
10. 复合会计分录
11. 过账
12. 结账
13. 试算平衡

4.5 简答题

1. 什么是会计等式？它有几种表达方法？

2. 会计等式的基本公式是什么？它反映了什么关系？

3. 为什么说会计等式是恒等的？

4. 会计等式在会计核算中有何意义？

5. 什么是单式记账法？什么是复式记账法？复式记账法的原理是什么？它有什么特点？

6. 什么叫借贷记账法？按照借贷记账法的要求，资产类账户和费用类账户的借方登记什么？贷方又登记什么？负债类账户、所有者权益类账户和收入类账户的借方登记什么？贷方又登记什么？

7. 在实际运用借贷记账法记账时，应考虑哪几个问题？

8. 借贷记账法的记账规则是什么？

9. 什么是账户的对应关系和对应账户？

10. 什么叫会计分录？为什么要编制会计分录？编制复合会计分录有什么优点？在什么情况下又应当尽可能地避免？

11. 什么是试算平衡？试算平衡的方法有哪些？如何进行试算平衡？

12. 为什么说试算平衡表中的期初余额、本期发生额和期末余额的借方合计和贷方合计数如果相等，只能说明账户记录基本正确？

4.6 业务计算题

习 题 一

1. 目的：在熟悉会计要素的基础上，掌握会计基本等式。

2. 资料：某企业 2006 年末的资产、负债和所有者权益的资料如下：

（1）生产车间用厂房，计价 240 000 元。

（2）生产用机器设备 300 000 元。

（3）国家投入资金 628 000 元。

（4）未分配利润 80 000 元。

（5）库存生产用的各种钢材 180 000 元。

（6）库存工具一批 28 000 元。

（7）仓库中存放的已完工产品 36 000 元，尚未完工产品 20 000 元。

（8）库存现金 800 元，银行存款 48 500 元。

（9）运输汽车两辆 120 000 元。

（10）应收销售给红光厂的货款 15 000 元，以及向东风厂购买材料的应付款 105 000 元。

（11）向银行借入九个月期限的借款 80 000 元。

（12）应交税金 7 000 元。

（13）应付职工工资 88 300 元。

3. 要求：根据以上资料，确认它们属于会计要素中的哪一类，并指明账户的名称。把相同的数字进行合并，填入表 4-1，再核对其是否符合会计基本等式。

表 4-1 资产、负债和所有者权益情况

业 务	项目名称	资产＝负债＋所有者权益		
1				
2				
3				
4				
5				
6				

续表

业　务	项目名称	资产＝负债＋所有者权益		
7 8 9 10 11 12 13				
合　计				

习　题　二

1. 目的：熟悉和掌握会计基本等式“资产＝负债＋所有者权益”和会计扩展等式“资产＝负债＋所有者权益＋（收入－费用）”或“资产＝负债＋所有者权益＋净收益”。

2. 资料：

（1）某企业 2006 年 10 月 31 日资产总额为 680 000 元，除银行存款项目外，其余各项资产项目及部分其他项目的金额如下：

现金	1 000 元	管理费用	45 000 元		
房屋	35 000 元	应收账款	6 000 元	机器设备	18 000 元
应付账款	8 000 元	主营业务收入	9 000 元	应付票据	8 000 元
其他应收款	1 000 元	实收资本	49 000 元	存货	8 000 元

根据以上资料，计算银行存款项目的金额。

（2）某企业出售甲、乙两种产品，2006 年 1 月 31 日甲产品收入比乙产品收入大三倍。本月末各资产、负债、实收资本及费用项目如下：

库存现金	4 000 元	银行存款	28 000 元	应收账款	25 000 元
存货	18 000 元	机器设备	30 000 元	应收票据	5 000 元
房屋	75 000 元	运输设备	20 000 元	应付账款	8 000 元
应付票据	10 000 元	短期借款	30 000 元	实收资本	100 000 元
管理费用	6 000 元	广告费用	680 元	财务费用	800 元
主营业务成本	22 000 元	营业税金及附加	5 520 元		

根据以上资料，计算本期甲、乙产品的销售收入金额。

3. 要求：根据会计等式，计算以上资料中的未知数。

某公司 2006 年年初和年末财务状况如下：

项目	年初	年末
资产	210 万元	230 万元
负债	140 万元	130 万元

根据以上资料和以下各种情况，分别计算出该公司 2006 年度的利润额。

（1）本年度投资者投入资本不变。

（2）本年度投资者增加投资 10 万元，试计算本年度利润额。

（3）本年度曾收回投资 5 万元，但又增加投资 18 万元，试计算本年度利润额。

习　题　三

1. 目的：掌握经济业务（资产、负债和所有者权益的变化）对会计等式的影响。

2. 资料：某企业 2007 年 4 月份发生的经济业务如下：

（1）以银行存款偿还应付账款 10 000 元。

（2）向银行借入半年期借款 60 000 元，存入企业存款账户。

（3）从供应单位购入材料 20 000 元，以存款支付。

（4）银行通知，客户归还所欠货款 10 500 元已入账。

（5）开出现金支票提取现金 50 000 元，备发工资。

（6）按照规定，将资本公积 50 000 元转增资本金。

（7）开出应付票据 10 000 元，归还所欠供应单位的货款。

（8）从国家取得增拨的资本 100 000 元，已转入企业存款户。

（9）经协议，返还投资单位前期投入的资金 200 000 元，以存款支付。

3. 要求：根据以上资料，分析各项经济业务的类型，并将其引起会计要素增减变动的结果填入表 4-2。

表 4-2　经济业务类型及对会计等式的影响

业务序号	业务类型	资产		负债及所有者权益		对会计等式及总额的影响
		项目	增减金额	项目	增减金额	
1						
2						
3						
4						
5						

续表

业务序号	业务类型	资产		负债及所有者权益		对会计等式及总额的影响
		项目	增减金额	项目	增减金额	
6						
7						
8						
9						

习 题 四

1. 目的：熟悉借贷记账法下的账户结构。

2. 资料：某企业部分账户记录如表 4-3 所示：

表 4-3

单位：元

账户名称	期初余额	本期借方发生额合计	本期贷方发生额合计	期末余额
短期借款	50 000	40 000	0	
周转材料	45 000	0	5 000	
库存现金	15 000		18 000	12 000
应收账款	4 000	2 000		3 000
应付账款		1 200	1 800	1 000
实收资本	50 000	0		80 000
银行存款	24 000	42 000	50 000	
其他应付款	1 200	2 400	3 600	

3. 要求：根据表中所列账户的类别和期初余额、期末余额、本期借方发生额合计、本期贷方发生额合计的已知数，计算出未知数，填入表内。

习 题 五

1. 目的：熟悉和掌握借贷记账法下会计分录的编制。

2. 资料：某公司 2007 年 2 月份发生的经济业务如下：

（1）收到投资者投入资本金 300 000 元，已存入银行。

（2）向银行取得六个月期限的借款 30 000 元存入银行。

（3）从银行提取现金 5 000 元。

（4）公司用银行存款 100 000 元购进各种材料。

（5）公司从某企业购回低值易耗品一批计 50 000 元，已验收入库，款未付。

（6）公司以银行存款支付上述应付货款的一部分计 20 000 元。

（7）购买一批材料，货款 15 200 元，以银行存款 15 000 元，现金 200 元支付。

（8）本公司职工王某预借差旅费 4 000 元，以现金支付。

（9）本月内销售产品收入共计 110 000 元，其中 95 000 元已存入银行，其余尚未收回。

（10）本月用银行存款 2 000 元向水电部门支付管理用水电费。

3. 要求：根据以上经济业务编制会计分录。

习　题　六

1. 目的：进一步熟悉和掌握经济业务对会计等式的影响及借贷记账法下会计分录的编制。

2. 资料：某工业企业 2006 年 12 月 31 日资产总额为 756 186 元，负债总额为 175 000 元，所有者权益总额为 581 186 元。2007 年 1 月 1 日至 5 日发生以下经济业务：

（1）1 日，开出转账支票一张，支付上月购料欠款 15 600 元。

（2）1 日，预收大华公司货款 5 668 元，款项已存入银行。

（3）1 日，开出现金支票一张，提取现金 1 200 元。

（4）2 日，以现金 350 元支付购买材料的运杂费。

（5）5 日，收到红光公司投入货币资金 10 万元，存入银行。

（6）5 日，开出转账支票一张，交纳上月应交税金 950 元。

3. 要求：

（1）根据以上业务编制会计分录；

（2）分别计算公司 1 月 5 日的资产，负债和所有者权益总额（列示计算过程），并核对是否符合会计基本等式。

习　题　七

1. 目的：熟练掌握借贷记账法的综合运用。

2. 资料：

（1）东方公司 2006 年 12 月 31 日，各账户余额如表 4-4 所示。

表 4-4　东方公司 2006 年 12 月 31 日各账户余额表　　　单位：元

资产类账户余额		负债及所有者权益类账户余额	
库存现金	650	短期借款	32 000
银行存款	126 100	应付票据	35 100
应收账款	67 800	应付账款	81 000
库存商品	75 800	实收资本	1 000 000
固定资产	877 750		
资产总计	1 148 100	负债及所有者权益总计	1 148 100

（2）东方公司 2007 年 1 月发生下列经济业务：

① 从银行借款 22 000 元，期限 6 个月，款项已存入银行。

② 用银行存款 35 100 元偿还到期的商业承兑汇票。

③ 企业收回某单位前欠货款 41 200 元，其中收到金额为 41 000 元的转账支票一张，支票送存银行，另收到现金 200 元。

④ 企业欠某供应商的款项 70 200 元转作对本单位的投资。

3. 要求：

（1）根据上述经济业务编制会计分录；

（2）根据账户的期初余额、会计分录开设并登记“T”形账户；

（3）月末结出每个账户的期末余额；

（4）月末编制试算平衡表。

习　题　八

1. 目的：进一步掌握账户的结构，并进行试算平衡。

2. 资料：博文公司 2006 年 2 月份各账户的有关资料如表 4-5 所示：

表 4-5　本期发生额及期末余额试算平衡表

2007 年 2 月 28 日　　单位：元

账户名称	期初余额		本期发生额		期末余额	
	借方	贷方	借方	贷方	借方	贷方
资产：						
库存现金	5 800		1 000		3 800	
银行存款	80 000			62 400		
应收账款				44 000	8 000	
原材料	50 000		21 200		39 600	
固定资产			24 500	22 500	102 000	
负债：						
短期借款						17 000
应付账款		78 000	83 800			3 200
所有者权益：						
实收资本		150 800				180 800
合计						

3. 要求：根据各类账户结构，计算并填列表 4-5 的空格。

第5章　会计凭证

【学习目标】

通过本章的学习，了解会计凭证传递与保管的意义及要求；理解会计凭证的概念、意义、种类及格式；领会原始凭证和记账凭证的关系；掌握原始凭证和记账凭证的内容、填制的基本要求和填制方法以及审核的基本要求；明确填制和审核会计凭证的规范性的做法是什么，哪些是必须做到的，哪些是禁止做的，为依法从事会计工作奠定良好的基础。

【学习重点】

5.1　会计凭证的意义和种类

5.1.1　会计凭证的意义

1. 会计凭证的概念

会计凭证，简称凭证，是记录经济业务，明确经济责任的书面证明，也是登记账簿的依据。

2. 会计凭证的作用

(1) 可以及时正确地反映每一项经济业务的完成情况，提供原始证据。
(2) 可以发挥日常的会计监督作用。
(3) 可以明确各个环节和责任人的经济责任，加强岗位责任制。
(4) 可以为登记账簿提供依据。

5.1.2　会计凭证的种类

一般情况下，按照其填制的程序和用途不同分为原始凭证和记账凭证两大类。在两大类下又可分为诸多小类，如下图所示。

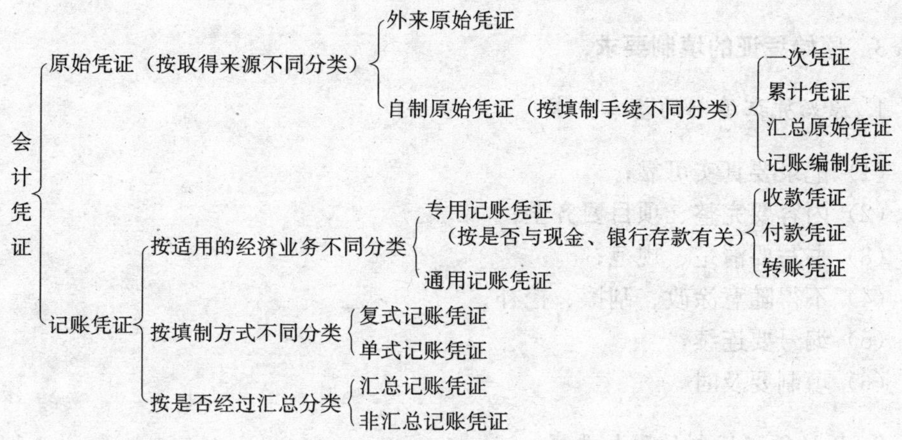

5.2 原始凭证

5.2.1 原始凭证的种类和格式

1. 原始凭证按其来源不同分类

（1）外来原始凭证；
（2）自制原始凭证。

2. 原始凭证按其填制方法和手续不同分类

（1）一次凭证；
（2）累计凭证；
（3）汇总原始凭证；
（4）记账编制凭证。

5.2.2 原始凭证的基本内容

（1）原始凭证的名称；
（2）填制原始凭证的日期；
（3）填制原始凭证的单位名称或者个人姓名；
（4）接受原始凭证的单位名称或部门名称；
（5）经济业务的内容，包括内容摘要、计量单位、数量、单价和金额等；
（6）经办人员的签名或者盖章。

5.2.3 原始凭证的填制要求

1. 原始凭证填制的基本要求

(1) 记录要真实可靠;
(2) 内容要完整、项目要齐全;
(3) 书写要清楚、规范;
(4) 不得随意涂改、刮擦、挖补;
(5) 编号要连续;
(6) 填制要及时。

2. 原始凭证填制的附加要求

(1) 从外单位取得的原始凭证,必须加盖填制单位的公章;
(2) 自制的原始凭证,必须要有经办单位的领导人或者由单位领导人指定的人员签名或者盖章;
(3) 支付款项的原始凭证,必须有收款单位和收款人的收款证明;
(4) 购买实物的原始凭证,必须有验收证明;
(5) 销售货物发生退回并退还货款时,必须以退货发票、退货验收证明和对方的收款收据作为原始凭证;
(6) 职工公出借款填制的借款凭证,必须附在记账凭证之后;
(7) 经上级有关部门批准的经济业务,应当将批准文件作为原始凭证的附件。

5.2.4 原始凭证的填制方法

1. 外来原始凭证的填制方法

2. 自制原始凭证的填制方法

(1) 一次凭证的填制方法;
(2) 累计凭证的填制方法;
(3) 汇总原始凭证的填制方法;
(4) 记账编制凭证的填制方法。

5.2.5 原始凭证的审核

1. 原始凭证审核的内容

(1) 合法性审核;
(2) 真实性审核;

(3) 合理性审核;
(4) 完整性审核;
(5) 正确性审核;
(6) 及时性审核。

2. 原始凭证审核结果的处理

(1) 对于完全符合要求的原始凭证，应及时办理会计手续;

(2) 对于真实、合法、合理但记载不完整、不准确的原始凭证，应暂缓办理会计手续;

(3) 对于不真实、不合法、不合理的原始凭证，会计机构、会计人员有权不予接受，并向单位负责人报告。

5.3 记账凭证

5.3.1 记账凭证的种类和格式

1. 记账凭证按照适用的经济业务不同，分为专用记账凭证和通用记账凭证两类

2. 记账凭证按照填制方式不同，分为复式记账凭证和单式记账凭证两类

5.3.2 记账凭证的基本内容

(1) 记账凭证的名称;
(2) 填制凭证的日期;
(3) 凭证的编号;
(4) 经济业务的内容摘要;
(5) 应借应贷的账户名称（包括一级、二级或明细科目）和金额;
(6) 所附原始凭证张数;
(7) 制单、审核、记账、会计主管等的签章。

5.3.3 记账凭证的填制

1. 记账凭证的填制要求

1) 收款凭证的填制方法

凭证左上角“借方科目”处，按照业务内容选填“银行存款”或“库存现金”科目；凭证上中方的“年、月、日”处，填写财会部门受理会计事项制证的日期；凭证右上角的“字第　号”处填写“银收”或“收”字和已填制凭证的顺序编号；“摘要”栏填写经济业务的简要说明；“贷方总账科目”和“明细科目”

栏填写与银行存款或现金收入相对应的总账科目及其明细科目；“金额”栏填写与同一行科目对应的发生额；“合计栏”填写各发生额的合计数；凭证右边“附单据　张”处需填写所附原始凭证的张数；凭证下边分别由相关人员签字或盖章；“记账符号”栏则应在已经登记账簿后划“√”符号，表示已经入账，以免发生漏记或重记错误。

2）付款凭证的填制方法

付款凭证的格式及填制方法与收款凭证基本相同，只是将凭证的“借方科目”与“贷方科目”栏目交换位置；填制时先填“贷方科目”的“现金”或“银行存款”科目，再填写作为与付出现金或银行存款相对应的总账科目和明细科目。

3）转账凭证的填制方法

转账凭证的格式与收、付款凭证不同处在于：凭证左上角不设主体科目，而将经济业务的对应科目按先借后贷的顺序全部填入“总账科目”和“明细科目”栏目，并通过将各科目金额按记账方向填入相应的“借方金额”或“贷方金额”来确定科目间的对应关系。

2. 通用记账凭证的填制方法

5.3.4 汇总记账凭证的填制

5.3.5 记账凭证的审核

（1）内容是否真实；

（2）科目和金额是否正确；

（3）项目是否齐全；

（4）书写是否正确。

5.4 记账凭证

【学习难点】

（1）收款凭证的填制；

（2）付款凭证的填制；

（3）转账凭证的填制；

（4）通用凭证的填制。

【典型例题分析】

5.1 单项选择题

【例题 1】 下列文件中，能够作为原始凭证的是（　　）。

A. 购货合同　　　　　　　　B. 银行对账单

C. 购料申请书　　　　　　　D. 材料费用分配表

【答案】 D

【分析】 原始凭证是在经济业务发生时取得或填制的，用以记录和证明经济业务的发生或完成情况，并作为记账原始依据的一种会计凭证。

【例题2】 “限额领料单”是一种（　　）。

A. 汇总凭证　　B. 单式凭证　　C. 一次凭证　　D. 累计凭证

【答案】 D

【分析】 限额领料单是多次使用的累计发料凭证，因此，它是一种累计凭证。累计凭证是自制原始凭证的一种。

【例题3】 将现金送存银行的业务，应填制的专用记账凭证是（　　）。

A. 银行存款收款凭证　　　　B. 现金付款凭证

C. 转账凭证　　　　　　　　D. 现金收款凭证

【答案】 B

【分析】 使用收款凭证和付款凭证记录涉及收、付款项的业务时，应注意若发生现金与银行存款之间的收付款业务，如从银行提取现金，均只需填制付款凭证，以避免重复做账务处理。

【例题4】 销售产品一批，部分货款收回存入银行，部分货款对方暂欠时，应填制的记账凭证是（　　）。

A. 收款凭证和转账凭证　　　　B. 付款凭证和转账凭证

C. 两张转账凭证　　　　　　　D. 收款凭证和付款凭证

【答案】 A

【分析】 销售产品，部分货款收回存入银行，应填制收款凭证，部分货款对方暂欠，应填制转账凭证。

【例题5】 证明经济业务已发生或完成并作为原始依据的凭证是（　　）。

A. 记账凭证　　B. 原始凭证　　C. 转账凭证　　D. 收款凭证

【答案】 B

【分析】 原始凭证是在经济业务发生时取得或填制的，用以证明经济业务的发生或完成情况并作为记账原始依据的凭证。而记账凭证是根据原始凭证编制的，不能作为原始依据。另外，转账凭证、收款凭证仅是记账凭证的一种，当然不是证明经济业务已发生或完成并作为原始依据的凭证了。

5.2 多项选择题

【例题1】 属于原始凭证的有（　　）。

A. 记账编制凭证　　　　　　B. 限额领料单

C. 收款凭证　　D. 供货单位发票

E. 收款收据

【答案】 ABDE

【分析】 收款凭证属于记账凭证的一种，不是原始凭证。

【例题 2】 某工厂购入材料一批，已取得结算凭证，材料已运到并验收入库，下列原始凭证中，应作为编制该业务记账凭证依据的有（　　）。

A. 购货发票　B. 领料单　C. 入库单　D. 出库单

E. 制造费用分配表

【答案】AC

【分析】 就该项业务而言，购料时应取得购货发票；材料运到并验收入库，须有入库单。而其他几项与这项业务无关。

【例题 3】 ¥7 600.88 的大写可以写成（　　）。

A. 人民币柒仟陆佰元捌角捌分整　B. 人民币柒仟陆佰点捌捌元整

C. 人民币柒仟陆佰元捌角捌分　D. 人民币柒仟陆佰元零捌角捌分

E. 人民币柒仟陆佰元点捌角捌分

【答案】 CD

【分析】 大写金额数字有分的，"分"字后面不写"整"或者"正"字；阿拉伯数字元位是"0"，但角位不是"0"时，汉字大写金额可以只写一个"零"字，也可以不写"零"字。

【例题 4】 以下各项，属于自制原始凭证的有（　　）。

A. 支付款项取得的收据　B. 收款凭证

C. 工资结算凭证　D. 发料凭证汇总表

E. 银行收账通知

【答案】 CD

【分析】 选项 A 和 E 属于外来原始凭证，选项 B 属于记账凭证。

【例题 5】 下列各项中，不属于原始凭证要素的是（　　）。

A. 经济业务发生日期　B. 经济业务内容

C. 会计人员记账标记　D. 会计科目的名称和金额

E. 经办人员的签名或者盖章

【答案】 CD

【分析】 CD 属于记账凭证的要素。

5.3 判断题

【例题 1】 各种会计凭证的填制，都应由会计人员填写，非会计人员不得填写，以保证会计凭证填制的正确。（　　）

【答案】 ×

【分析】 记账凭证由会计人员填写，而原始凭证大部分应由经办人员填写。

【例题 2】 “应付账款”科目可能成为付款凭证的贷方。（　）

【答案】 ×

【分析】 付款凭证是用来记录现金和银行存款付出业务的记账凭证，其贷方科目只能选填“库存现金”或“银行存款”。

【例题 3】 对于不真实、不合法的原始凭证，会计人员应退回给有关经办人员，由其改正后，方可办理正式手续。（　）

【答案】 ×

【分析】 对于不真实、不合法的原始凭证，会计人员有权不予接受，并向单位负责人报告。

【例题 4】 记账凭证和原始凭证的共同点是所起的作用相同 。（　）

【答案】 ×

【分析】 尽管原始凭证和记账凭证都是登账的依据，所反映的经济业务内容相同，但它们的作用有所不同：原始凭证是登账的原始依据，记账凭证是为了避免记账发生差错而编制的，是登账的直接依据。

【例题 5】 单位自制的原始凭证必须加盖本单位的公章。（　）

【答案】 ×

【分析】 单位对外开出的原始凭证必须加盖本单位的公章。而单位自制的原始凭证必须有经办业务的部门和人员签章。

【能力训练】

5.1　单项选择题

1. 编制记账凭证的依据是（　）。

A. 收款凭证　B. 付款凭证　C. 转账凭证　D. 原始凭证

2. 登记账簿的直接依据是（　）。

A. 原始凭证　B. 记账凭证　C. 一次凭证　D. 累计凭证

3. 原始凭证按（　）分类，分为外来原始凭证和自制原始凭证。

A. 填制程序　B. 填制方法　C. 来源不同　D. 用途

4. 下列凭证中属于外来原始凭证的是（　）。

A. 购货发票　B. 入库单　C. 借款单　D. 领料单

5. 限额领料单是一种（　）。

A. 一次凭证　B. 转账凭证　C. 累计凭证　D. 汇总原始凭证

6. 记账凭证按其（　）不同，可以分为专用记账凭证和通用记账凭证两类。

A. 填制方式　　B. 适用的经济业务
C. 是否与现金收付有关　　D. 是否与银行存款收付有关
7. 记账凭证按其（　　），可以分为复式记账凭证和单式记账凭证。
A. 填制方式　　B. 适用的经济业务
C. 是否与现金收付有关　　D. 是否与银行存款收付有关
8. 从银行提取现金，应编制（　　）。
A. 现金收款凭证　　B. 现金付款凭证
C. 银行存款收款凭证　　D. 银行存款付款凭证
9. 将现金存入银行这笔经济业务（　　）。
A. 既编银收凭证，又编现付凭证
B. 只编银收凭证，不编现付凭证
C. 只编现付凭证，不编银收凭证
D. 只编转账凭证，不编收、付款凭证
10. 下列凭证中属于单式记账凭证的是（　　）。
A. 借项记账凭证　　B. 收款凭证
C. 付款凭证　　D. 转账凭证
11. 通用记账凭证与（　　）的格式和填制方法大概相同。
A. 收款凭证　　B. 付款凭证　　C. 转账凭证　　D. 贷项记账凭证
12. 下列会计事项中可以不附原始凭证而直接编制记账凭证的是（　　）。
A. 分摊材料费用的记账凭证　　B. 计算产品单位成本的记账凭证
C. 更正错误的记账凭证　　D. 分摊辅助生产费用的记账凭证
13. 下列凭证中必须由出纳人员签章的是（　　）。
A. 收款凭证和付款凭证　　B. 转账凭证
C. 汇总记账凭证　　D. 累计原始凭证
14. 记账凭证中的所附原始张数的填列依据是（　　）。
A. 所附经济业务的笔数　　B. 原始凭证的自然张数
C. 汇总原始凭证的张数　　D. 外来原始凭证的张数
15. 根据国家有关法律、法规对原始凭证进行审核是（　　）审核。
A. 合理性　　B. 正确性　　C. 完整性　　D. 合法性
16. 有的原始凭证或汇总原始凭证可以代替记账凭证，这类凭证是（　　）。
A. 转账业务的原始凭证或汇总原始凭证
B. 收款业务的原始凭证或汇总原始凭证并加列了会计分录
C. 付款业务的原始凭证或汇总原始凭证并加列了会计分录
D. 转账业务的自制原始凭证或汇总原始凭证并加列了会计分录
17. 下列凭证中属于汇总原始凭证的是（　　）。

A. 材料费用分配表　　B. 限额领料单
C. 原始凭证分割单　　D. 发料凭证汇总表

18. 对于内容合法、合理但不够完整、正确的原始凭证应（　　）。
A. 先办理会计手续，再补填纠正有关漏错
B. 暂缓办理会计手续，责成有关人员改正凭证错误
C. 拒绝办理会计手续
D. 上报有关部门

5.2 多项选择题

1. 原始凭证按填制手续不同，可分为（　　）。
A. 累计凭证　　B. 转账凭证　　C. 一次凭证　　D. 汇总原始凭证

2. 下列各项中属于原始凭证内容的有（　　）。
A. 凭证名称　　B. 经济业务的金额
C. 应借应贷会计科目　　D. 经办人员的签名或盖章

3. 下列各种凭证中不是一次凭证的有（　　）。
A. 限额领料单　　B. 借款单
C. 工资汇总表　　D. 现金收入汇总表

4. 下列凭证中，属于自制原始凭证的有（　　）。
A. 外购发票　　B. 材料入库单
C. 发料凭证汇总表　　D. 限额领料单

5. 关于原始凭证分割单正确的表述有（　　）。
A. 它是由保存原始凭证的单位开出的
B. 一张原始凭证所列支出需要几个单位共同负担时才用到它
C. 它应具备原始凭证的基本内容
D. 它应列明支出分摊情况

6. 原始凭证审核的内容有（　　）。
A. 合法性　　B. 合理性　　C. 完整性　　D. 正确性

7. 发料凭证汇总表是（　　）。
A. 外来原始凭证　　B. 自制原始凭证
C. 转账凭证　　D. 汇总原始凭证

8. 属于专用记账凭证的有（　　）。
A. 收款凭证　　B. 转账凭证
C. 借项记账凭证　　D. 贷项记账凭证

9. 对于付款凭证说法正确的（　　）。
A. 它是专用记账凭证的一种

B. 它属于复式记账凭证

C. 发生现金存行业务时需要编制它

D. 发生从银行提现业务时需要编制它

10. “收款凭证”左上角“借方科目”处，按业务内容可以选填（　　）科目。

A. 应收账款　　B. 银行存款　　C. 其他应收款　　D. 库存现金

11. 原始凭证与记账凭证的主要区别有（　　）。

A. 反映的经济内容不同　　B. 格式不同

C. 作用不同　　D. 凭证的要素不同

E. 填制和审核人员不同

12. 下列经济业务中，需编制转账凭证的有（　　）。

A. 销售产品一批，货款尚未收到　　B. 购买原材料一批，货款尚未支付

C. 以转账支票支付本月水电费　　D. 支付采购材料运费

13. 记账凭证上“现付字第 4⅗号”的含义有（　　）。

A. 这是现金付款凭证的第 4 号会计事项

B. 此会计事项共有三账记账凭证

C. 此凭证是第 4 号会计事项的最后一张

D. 此凭证是付款凭证

14. 记账凭证必须具有的基本要素有（　　）。

A. 所附原始凭证张数　　B. 凭证编号及填制日期

C. 经济业务内容摘要　　D. 会计科目、记账方向及金额

15. 下列凭证中可以作为记账凭证编制依据的有（　　）。

A. 外来原始凭证　　B. 累计凭证

C. 一次凭证　　D. 汇总原始凭证

5.3 判断题

1. 所有的自制原始凭证都是一次性原始凭证。（　　）

2. 限额领料单属于一次凭证。（　　）

3. 收料单属于汇总原始凭证。（　　）

4. 货币资金相互转化的业务，可以选择填制收款凭证或付款凭证。（　　）

5. 记账凭证是由会计人员填制的，这是它和原始凭证的主要区别。（　　）

6. 除结账和更正错误，记账凭证必须附有原始凭证，并注明原始凭证的张数。（　　）

7. 各种记账凭证都只能根据一张原始凭证逐一填制。（　　）

8. 转账凭证只登记与货币资金收付无关的经济业务。（　　）

9. 通用记账凭证的格式与填制方法，与转账凭证相同。（　）

10. 会计凭证按规定保管期满后，可由财会人员销毁。（　）

5.4　名词解释

1. 会计凭证
2. 原始凭证
3. 记账凭证
4. 外来原始凭证
5. 自制原始凭证
6. 一次凭证
7. 累计凭证
8. 汇总原始凭证
9. 记账编制凭证
10. 专用记账凭证
11. 收款凭证
12. 付款凭证
13. 转账凭证
14. 通用记账凭证
15. 复式记账凭证
16. 单式记账凭证
17. 汇总记账凭证
18. 分类汇总凭证
19. 全部汇总凭证
20. 非汇总记账凭证
21. 会计凭证的传递
22. 会计凭证的保管

5.5　简答题

1. 什么是会计凭证？有哪些种类？
2. 会计凭证的作用有哪些？
3. 原始凭证和记账凭证之间主要存在着哪些差别？
4. 原始凭证应具备哪些基本内容？
5. 原始凭证的填制应遵循哪些要求？
6. 如何进行原始凭证的审核？
7. 记账凭证应具备哪些基本内容？

8. 如何填制收款凭证、付款凭证和转账凭证？

9. 涉及现金与银行存款之间的经济业务时，应编制哪种记账凭证？为什么？

10. 记账凭证的填制应符合哪些要求？

11. 如何审核记账凭证？

12. 什么是会计凭证的传递？正确组织会计凭证传递的作用何在？

13. 保管会计凭证的一般方法和要求是什么？

5.6 业务计算题

习 题 一

1. 目的：掌握原始凭证的基本内容及填制方法。

2. 资料：华兴保温杯有限公司，企业地址：天津市南开区华宁道 119 号。公司税号：1210112700893248。电话：86690241，开户银行：工商银行黄河大道分理处，账号：1003652741883。公司 2007 年 9 月部分经济业务如下：

9 月 6 日，填开普通发票一张，销售给新华书店保温杯 29 个，单价 30 元，现金结算。

3. 要求：填制该业务的普通发票（表 5-1）。

表 5-1 普通发票

天津市工业销售专用发票

购货单位： 年 月 日

产品名称	规格	件数	单位	数量	单价	金额
合计						
人民币（大写）						
结算方式			提货地点			
备注						

企业盖章： 会计： 复核： 制单：李明

9 月 18 日，收到转账支票一张金额 10 000 元，系红星塑料有限公司偿还前欠货款。当日将收受的支票送存银行，并开具收据交与对方（红星塑料有限公司开户银行：商业银行民主路分理处，账号：2216-0026869）。

要求：填制银行进账单和收据（表 5-2 和表 5-3）。

中华公司 2007 年发生部分经济业务如下：

2 月 8 日，开发部王一参加长春市科技成果展示会，预借差旅费1 500 元。

要求：填制该业务的借款单（表 5-4）。

表 5-2　银行进账单

中国工商银行进账单（收款通知）

年　月　日　　　　第 116 号

付款人	全　称		收款人	全　称	
	账　号			账　号	
	开户银行			开户银行	
人民币（大写）			（小写）¥		
票据种类					
票据张数					
单位主管　会计　复核　记账			收款人开户行盖章		

表 5-3　收款收据

年　月　日　　　　No. 00315914

付款单位（人）					
款项内容			收款方式		
人民币（大写）			（小写）¥		
备注		收款单位盖章		收款人签章	

表 5-4　借款单

年　月　日

借款部门	
借款用途	
借款金额（大写）	
出差地点	
预计期限	

出纳：××　　会计主管：××　　审批人：××　　借款人：王一

6 月 29 日，机修车间领用汽油 80 升，用于机器修理，单价 4 元。

要求：填制该业务的领料单（表 5-5）。

表 5-5　领料单

领料单位：　　　　编号：22

用途：　　　　年　月　日　　　　发料仓库：1 号

材料类别	材料名称及规格	计量单位	数量		单价	金额（元）
			请领	实发		
辅助材料						
合　计						

主管（签章）　　核算（签章）　　发料人（签章）　　领料人（签章）

习 题 二

1. 目的：掌握记账凭证的审核。

2. 资料：某公司 2006 年 3 月 8 日购买原材料 A 一批并验收入库，货款 6 000元以银行存款支付，于是该公司会计人员根据银行付款凭证编制记账凭证如下（表 5-6）。

表 5-6 付款凭证

贷方科目 银行存款　　　　年　月　日　　　　现付字第×号

摘　要	借方总账科目	明细科目	记账符号	金额									
				千	百	十	万	千	百	十	元	角	分
购进原材料	原材料							6	0	0	0	0	0
合　计								6	0	0	0	0	0

附单据 1 张

会计主管　　记账　　出纳　　审核　　制单

3. 要求：审核该会计凭证，指出并纠正其中的错误。

习 题 三

1. 目的：练习收款凭证和付款凭证的填制方法。

2. 资料：红光公司 2007 年 4 月份发生下列货币资金收付业务。

（1）4 月 3 日开出现金支票，从银行提取现金 1 800 元。

（2）4 月 4 日采购员王峰预借差旅费 900 元，以现金支付。

（3）4 月 5 日接银行收款通知，北城公司归还前欠货款 6 500 元，已存入银行。

（4）4 月 5 日以现金 186 元购买办公用品，交付有关部门使用。

（5）4 月 10 日开出转账支票，以存款 1 900 元支付购买 A 材料运费。

（6）4 月 12 日将 120 元现金存入银行。

（7）4 月 16 日采购员王峰报销差旅费 850 元并交回现金 50 元。

（8）4 月 25 日报销职工市内交通费 180 元，以现金支付。

（9）4 月 27 日向大华公司购 A 材料一批，共计 2 340 元，其中货款 2 000 元，增值税进项税额 340 元，已开出转账支票付讫。

（10）4 月 28 日，接银行收款通知，红华公司 100 000 元投资款已存妥。

3. 要求：根据以上经济业务资料，编制收款凭证和付款凭证。

习　题　四

1. 目的：练习转账凭证的填制方法。

2. 资料：红海公司 2007 年 5 月份发生下列转账业务。

(1) 5 月 2 日销售给红光工厂 A 商品 100 件，每件 80 元，货款 8 000 元，增值税 1 360 元，货款尚未收到。

(2) 5 月 6 日向滨海工厂购入 B 材料 100 公斤，每公斤 70 元，增值税 1 190 元，款项尚未支付。

(3) 5 月 18 日采购员陈海报销差旅费 284 元。

(4) 5 月 30 日将本月发生的管理费用 7 600 元，转入“本年利润”账户。

(5) 5 月 30 日将本月主营业务收入 98 000 元，转入“本年利润”账户。

3. 要求：根据以上经济业务资料，编制转账凭证。

第6章 会计账簿

【学习目标】

通过本章的学习，了解会计账簿的作用、分类，明确会计账簿的设置要求，掌握会计账簿的登记要求和方法以及错账更正的方法。

【学习重点】

6.1 会计账簿

6.1.1 会计账簿的概念

会计账簿，简称账簿，是由具有一定格式、互有联系的若干账页所组成，以会计凭证为依据，用以全面、系统、序时、分类记录和反映各项经济业务的簿记。从外表形式看，账簿是由若干预先印制成专门格式的账页所组成的。

6.1.2 会计账簿的作用

设置和登记账簿，是对会计凭证进行加工整理的一种专门方法，在经济管理中具有重要的作用。概括起来，其作用主要体现在以下几点：

(1) 提供较全面、系统的会计信息，并为会计报表的编制提供依据；

(2) 确保财产物资的安全完整及各项资金的合理使用；

(3) 提供经营成果的详细资料，为财务成果的分配提供依据；

(4) 提供会计分析的参考资料，为会计检查提供依据。

6.1.3 账簿的种类

在会计实务中，为了满足经营管理的需要，每一账簿体系中包含的账簿是多种多样的，但是一般可以按其用途、外表形式、账页格式三种方法进行分类。

1. 按用途分类

账簿按用途分类，可以分为序时账簿、分类账簿和备查账簿。

2. 按外表形式分类

账簿按外表形式分类，可以分为订本式账簿、活页式账簿和卡片式账簿。

3. 账簿按账页格式的分类

账簿按账页格式的不同，可以分为三栏式账簿、多栏式账簿和数量金额式账簿等。

6.2　会计账簿的设置与登记

账簿的设置与登记，是指各会计主体应该设置的账簿的种类、格式、各种账簿的基本内容以及规定账簿登记的方法等。

6.2.1　会计账簿的基本要素

1. 封面

每本账簿都应在它的封面上标明账簿名称和记账单位名称。如现金日记账、银行存款日记账、总分类账、库存材料明细账、固定资产明细账等。

2. 扉页

账簿的扉页即账簿的首页。在每本账簿的首页，应设置“账簿启用和经营人员一览表”，表内载明单位名称、账簿启用日期和截止日期、账簿册数、账簿共计页数（如为活页账应在装订成册后记明页数）、经营账簿人员一览表和签章，会计主管签章、账户目录等。

3. 账页

账页是构成账簿的主要部分，用来记录经济业务。账页格式因反映经济业务内容的不同而有所不同，但基本内容应包括：

（1）账户的名称（总账科目、二级或明细科目）；

（2）登账日期栏；

（3）凭证种类和编号栏；

（4）摘要栏（记录经济业务内容的简要说明）；

（5）金额栏（通过借、贷方金额及余额的方向，记录经济业务的增减变动）；

（6）总页次和分类页次。

由于账簿所记录的经济业务不同，其结构和登记方法也各异，下面介绍有关序时账簿和分类账簿的结构与登记方法。

6.2.2　日记账的设置与登记

日记账有普通日记账和特种日记账两类。

1. 普通日记账的设置与登记

设置普通日记账的单位，一般不再使用记账凭证，而是在经济业务发生后，根据原始凭证或汇总原始凭证，登记普通日记账。

2. 特种日记账的设置与登记

一切经济单位都应设置现金日记账和银行存款日记账，用于序时核算现金和银行存款的收入、付出和结存情况，借以加强对货币资金的管理。

1）现金日记账的设置与登记

现金日记账，是由出纳人员根据现金收款凭证、现金付款凭证和银行存款付款凭证（记录从银行提取现金的业务），按经济业务发生的时间先后顺序逐日逐笔进行登记的一种特种日记账。

现金日记账的登记方法如下：

(1) 日期栏：系指记账凭证的日期，应与现金实际收付日期一致；

(2) 凭证栏：系指登记入账的收付款凭证的种类和编号。例如，“现金收（付）款凭证”简写为“现收（付)”，“银行存款收（付）款凭证”简写为“银收（付)”。凭证栏还应登记凭证的编号数，以便于查账和核对。

(3) 摘要栏：摘要说明登记入账的经济业务的内容。文字要简练，但要能说明问题。

(4) 对方科目栏：系指现金收入的来源科目或支出的用途科目。例如，从银行提取现金，其来源科目（即对方科目）为“银行存款”，其作用在于了解经济业务的来龙去脉。

(5) 收入、支出栏：系指现金实际收付的金额。每日终了，应分别计算现金收入和付出的合计数，结出余额，同时将余额与出纳员的库存现金核对，即通常说的“日清”。如账款不符应查明原因，并记录备案。月终同样要计算现金收、付和结存的合计数，通常称为“月结”。

2）银行存款日记账的设置与登记

银行存款日记账，是由出纳人员根据银行存款收款凭证、银行存款付款凭证和现金付款凭证（记录将现金存入银行业务）按经济业务发生时间的先后顺序，逐日逐笔进行登记的账簿。若一个单位开设有若干银行存款账户，应分别设日记账登记，便于与银行核对，也有利于银行存款的管理。

为了坚持内部牵制原则，实行钱、账分管，出纳人员不得负责登记现金日记账和银行存款日记账以外的任何账簿。出纳人员登记现金日记账和银行存款日记账后，应将各种收付款凭证交由会计人员据以登记总分类账及有关的明细分类账。通过“现金”和“银行存款”总账与日记账的定期核对，达到控制现金日记账、银行存款日记账的目的。

银行存款日记账的登记方法如下：

(1) 日期栏：是指记账凭证的日期；

(2) 凭证栏：是指登记入账的收付款凭证的种类和编号（与现金日记账的登记方法一致）；

(3) 摘要栏：简要说明登记入账的经济业务的内容，文字要求简练，但要能说明问题；

(4) 结算凭证栏：如果经济业务是以支票结算的，应在栏内填明支票的种类（现金支票和转账支票）和号码；

(5) 对方科目栏：是指与银行存款账户发生对应关系的账户的名称，表明银行存款收入的来源和支出的用途，其作用在于了解经济业务的来龙去脉；

(6) 收入、支出栏：是指银行存款实际收付的金额。每日结束后，应分别计算本日银行存款的收入合计数和支出合计数，并结算出余额，记入“余额”栏，做到日清。并定期与银行对账单进行核对，以保证银行存款日记账记录的正确性。月终，应计算出银行存款全月的收入合计数和支出合计数，并结算出月末余额，进行月结。

6.2.3 分类账的设置与登记

分类账有总分类账和明细分类账两类。

1. 总分类账的设置与登记

1) 总分类账的设置

总分类账也称总账，是按总分类账户（会计科目）进行分类登记的账簿。总分类账能全面地、总括地反映和记录经济业务引起的资金运动和财务收支情况，并为编制会计报表提供数据。因此，每一单位都必须设置总分类账。

总分类账的格式因采用的会计核算组织形式不同而各异，一般有三栏式和多栏式。

2) 总分类账的登记

总分类账可以根据记账凭证逐日逐笔登记；也可以将一定时期的记账凭证汇总编制成“汇总记账凭证”或“科目汇总表”（或“记账凭证汇总表”），再据以登记总账；还可以直接根据多栏式现金和银行存款日记账登记总账。采用哪种方法登记总账，取决于企业所采用的会计核算组织形式。总分类账账页中各栏目的登记方法如下：

(1) 日期栏：在逐日逐笔登记总账的方式下，填写业务发生的具体日期，即记账凭证的日期；在汇总登记总账的方式下，填写汇总凭证的日期。

(2) 凭证字、号栏：填写登记总账所依据的凭证的字和号。在依据记账凭证登记总账情况下，填写记账凭证的字、号；在依据科目汇总表情况下，填写“科汇”字及其编号；在依据汇总记账凭证登记总账的情况下，填写“现（银）汇收”字及其编号、“现（银）汇付”字及其编号和“汇转”字及其编号；在依据多栏式日记账登记总账的情况下，可填写日记账的简称，例如，现金收入日记账可缩写为“现收账”，现金支出日记账可缩写为“现支账”，银行存款多栏式日记账的缩写方法同现金多栏式日记账的缩写方法。

(3) 摘要栏：填写所依据的凭证的简要内容。对于依据记账凭证登记总账的单位，应与记账凭证中的摘要内容一致；对于依据科目汇总表登记总账的单位，应填写“某月科目汇总表”或“某月某日的科目汇总表”字样；对于依据汇总记账凭证登记总账的单位，应填写每一张汇总记账凭证的汇总依据，即是依据第几号记账凭证至第几号记账凭证而来的；对于依据多栏式日记账登记总账的单位，应填写日记账的详细名称。

(4) 对方科目栏：填写与总账账户发生对应关系的总账账户的名称。

(5) 借、贷方金额栏：填写所依据的凭证上记载的各总账账户的借方或贷方发生额。

(6) 借或贷栏：登记余额的方向，如余额在借方，则写“借”字；如余额在贷方，则写“贷”字。如果期末余额为零，则在“借或贷”栏写“平”字。

2. 明细分类账的设置与登记

明细分类账是按照各个明细账户分类登记经济业务的账簿。根据各单位的实际需要，可以按照二级科目或三级科目开设账户，用来分类、连续地记录有关资产、负债、所有者权益、收入、费用及利润的详细资料，提供编制会计报表所需要的数据。因此，各核算单位在按照总分类账户设置总分类账的同时，还应按明细分类账户设置明细分类账。这样，不仅能够从总分类账簿中了解每一个总账账户的总括情况，还可以通过有关的明细分类账了解该账户的详细具体的情况。根据有关会计制度的规定和企业管理的需要，各单位都应设置各项财产物资明细账、应收应付款明细账、成本费用明细账、资本明细账和利润分配明细账等。

根据经济管理的需要和各明细分类账记录内容的不同，明细分类账可以采用三栏式、多栏式和数量金额式等三种格式。

1) 三栏式明细分类账的设置与登记

三栏式明细账页的格式同总分类账的格式基本相同，即只设借方、贷方和余额三个金额栏，不设数量栏。这种账页适用于采用金额核算的应收账款、应付账款等账户的明细核算。

三栏式明细分类账是由会计人员根据审核后的记账凭证，按经济业务发生的时间先后顺序逐日逐笔进行登记的。日期栏登记经济业务发生的具体时间，与记账凭证的日期一致；凭证字、号栏登记原始凭证或记账凭证的种类和编号；摘要栏登记业务的简要内容，通常也和记账凭证中的摘要内容是一致的；借方、贷方金额栏登记账户的借方、贷方发生额；借或贷栏登记余额的方向；余额栏登记每笔业务发生后该账户的余额。

2）多栏式明细分类账的设置与登记

多栏式明细分类账，是根据经济业务的特点和经营管理的需要，在一张账页上按有关明细科目或明细项目分设若干栏目，以在同一张账页上集中反映各有关明细科目或明细项目的核算资料。按照明细分类账登记的经济业务的特点不同，多栏式明细分类账账页又可分为：借方多栏式、贷方多栏式和借贷方多栏式三种格式。

3）数量金额式明细分类账的设置与登记

数量金额式明细账的账页设有收入、发出、结存三大栏次，并在每一大栏下设有数量、单价和金额三个小栏目，以分别登记实物的数量和金额。

数量金额式明细账适用于既要进行金额明细核算，又要进行数量明细核算的财产物资项目，如“原材料”、“库存商品”等账户的明细核算。它能提供各种财产物资收入、发出、结存等的数量和金额资料，便于开展业务和加强管理的需要。此外，为满足管理上的要求，在账页的上端，另外设计一些必要的项目，以便掌握一些需要的资料。

数量金额式明细账可以由会计人员根据原始凭证按照经济业务发生的时间先后顺序逐日逐笔进行登记，也可以由仓库保管员根据原始凭证按照时间先后顺序逐日逐笔进行登记。

数量金额式明细账的具体登记方法如下：

（1）日期栏登记经济业务发生的具体日期，应与原始凭证的日期一致。

（2）凭证字、号栏按证明业务发生或完成的原始凭证进行登记，一般情况下，原材料增减业务的原始凭证叫收料单（简称“收”字）、领料单（简称“领”字）和限额领料单（简称“限领”字）；库存商品增减业务的原始凭证叫入库单（简称“入”字）、出库单（简称“出”字）。

（3）摘要栏登记业务的简要内容，文字力求简练，但要能说明问题。

（4）入库、出库栏中的数量栏登记实际入、出库的财产物资的数量；入库单价栏和金额栏按照所入库材料的单位成本登记；出库栏和结存栏中的单价栏和金额栏，登记时间及登记金额取决于企业所采用的期末存货计价方法。

6.3 会计账簿的启用及对账与结账

6.3.1 账簿的启用与交接规则

1. 启用账簿的规则

账簿是重要的会计档案。为了确保账簿记录的合规和完整，明确记账责任和便于日后查对，在启用账簿时，应在账簿的扉页填制“账簿启用和经管人员一览表”。记账人员接管账簿应在一览表中登记并签章。表格内容填写完毕之后，应在扉页上贴印花税票，并画线注销，表明该账簿开启的合法性。

2. 会计人员交接规则

记账人员调动工作或因故离职时，必须与接管人员办理交接手续，在交接记录栏内填写交接日期、交接人员和监交人员姓名，并由交接双方签字并盖章。

6.3.2 对账和结账

登记账簿作为会计核算的专门方法之一，它包括记账、对账和结账三个相互联系不可分割的工作环节。在 6.2 节中，我们讨论了各种账簿的登记方法，本部分将进一步讨论对账和结账的要求和方法。

1. 对账

如实反映企业经济活动情况，是会计核算的一个基本原则。为了保证账簿记录的真实可靠，如实反映和监督经济活动，并为编制会计报表提供真实可靠的数据资料，必须对账簿和账户所记录的有关数据加以检查和核对，这种核对工作，在会计上叫对账。它是会计核算的一项重要内容。

账簿记录的准确与真实可靠，不仅取决于账簿的本身，还涉及账簿与凭证的关系，账簿记录与实际情况是否相符的问题等。所以，对账应包括账簿与凭证的核对、账簿与账簿的核对、账簿与实物的核对。这种核对要建立定期的对账制度，在结账前和结账过程中，把账簿记录的数字核对清楚，做到账证相符、账账相符和账实相符。

2. 结账

为了总结某一会计期间（如月度和年度）的经营活动情况，必须定期进行结账。结账，就是按照规定把一定时期（月份、季度、年度）内所发生的经济业务登记入账，并将各种账簿结算清楚，以便进一步根据账簿记录编制会计报表。

6.4 错账查找、更正方法

6.4.1 错账的查找方法

在借贷复式记账法下，账簿记录的结果存在着一种自动平衡的机制，所以就可以采用试算平衡方法，在结账前和结账后通过编制“本期总分类账户发生额试算平衡表”和“本期总分类账户余额试算平衡表”或“总分类账户本期发生额及余额试算平衡表”，来检查账簿记录是否有差错。如果试算平衡表试算不平衡以及总账与其所属明细账不平衡，则说明记账工作肯定有错误。这时应首先复核各账户本期发生额及期末余额的计算是否正确以及试算平衡表是否有抄错或加错的现象。如果在上述程序中，仍然不平衡时，可能是过账的错误，或者是记账凭证编制的错误以及几种错误交叉影响造成，这时就应采用一些有效的方法去查找。

1. 过账错误的查找方法

如果过账时发生错误，首先应确定错账的差额，从这一金额的某些特征可能提供错账类型的线索，从而找出错误所在。一般的方法有：差数法、二除法、九除法。

2. 非过账错误的查找方法

如果通过以上方法仍找不出错误，则有可能是记账凭证编制错误以及几种错误交叉影响造成的，这就需要采用其他查错方法进行查找。主要有：顺查法、逆查法、抽查法。

6.4.2 错账更正方法

会计人员填制会计凭证和登记账簿，必须严肃认真，一丝不苟，尽最大努力把账记好算对，防止差错，保证核算质量。

在记账过程中，如果账簿记录发生错误，不得任意涂改，必须按规定的更正方法给予更正。由于记账差错的具体情况不同，更正错误的方法也不同，一般常用的更正错误的方法有画线更正法、红字更正法和补充登记法等三种。

6.5 账簿的更换与保管

6.5.1 账簿的更换

账簿的更换，是指在年度结账完毕后，以新账代替旧账。为了便于账簿的使用和管理，一般情况下，总分类账、现金日记账和银行存款日记账和大部分明细账都应每年更换一次；对于在年度内业务发生量较少，账簿变动不大的部分明细账，如固定资产明细账和固定资产卡片账，可以连续使用，不必每年更换；各种备查账簿也可以连续使用。

6.5.2 账簿的保管

会计账簿与会计凭证、会计报表一样，都是重要的经济档案与历史资料，所以必须妥善地加以保管，切不可任意销毁或丢失。账簿的保管包括年中正在记录账簿的保管（即平时保管）和旧账归案保管两部分内容。

【学习难点】

（1）会计账簿的种类；

（2）日记账的设置与登记；

（3）分类账的设置与登记；

（4）会计账簿登记的规定；

（5）对账与结账；

（6）错账更正方法。

【典型例题分析】

6.1 单项选择题

【例题 1】 日记账按用途分类属于（　　）。

A. 序时账簿　　B. 备查账簿　　C. 总分类账簿　　D. 明细分类账簿

【答案】 A

【分析】 账簿按用途分类，可以分为序时账簿、分类账簿和备查账簿，所以，可以排除 C、D。日记账是对各项经济业务按其发生时间的先后顺序，逐日逐笔连续进行登记的账簿，属于序时账簿，因此，A 选项正确。

【例题 2】 下列适用多栏式明细分类账簿的是（　　）。

A. 应付账款　　B. 财务费用　　C. 实收资本　　D. 库存商品

【答案】 B

【分析】 多栏式明细分类账，是根据经济业务的特点和经营管理的需要，在一张账页上按有关明细科目或明细项目分设若干栏目，以在同一张账页上集中反映各有关明细科目或明细项目的核算资料。财务费用明细账在账页中设有借方、贷方和余额三个金额栏，并在借方按照明细科目或明细项目分设若干栏目，因此，B 选项正确。

【例题 3】　某会计人员根据记账凭证登账时，误将 400 元记为 4 000 元，更正这种记账错误的方法是（　　）。

A. 红字冲销法　　B. 补充登记法

C. 画线更正法　　D. 以上三种方法中的任意一种

【答案】　C

【分析】　在每月结账前，发现账簿记录中的文字或数字有错误，而其所依据的记账凭证没有错误，即纯属记账时笔误或计算错误，应采用画线更正法进行更正，因此，C 选项正确。

6.2　多项选择题

【例题 1】　账簿按用途分类，可以分为（　　）。

A. 序时账簿　　B. 分类账簿　　C. 备查账簿　　D. 订本式账簿

【答案】　ABC

【分析】　账簿按外表形式分类，可以分为订本式账簿、活页式账簿和卡片式账簿。账簿按用途分类，可以分为序时账簿、分类账簿和备查账簿。因此，A、B、C 选项正确。

【例题 2】　按照明细分类账登记的经济业务的特点不同，多栏式明细分类账账页又可分为（　　）格式。

A. 借方多栏式　　B. 数量金额式　　C. 借贷方多栏式　D. 贷方多栏式

【答案】　ACD

【分析】　根据经济管理的需要和各明细分类账记录内容的不同，明细分类账可以采用三栏式、多栏式和数量金额式等三种格式。按照明细分类账登记的经济业务的特点不同，多栏式明细分类账账页又可分为：借方多栏式、贷方多栏式和借贷方多栏式三种格式。因此，A、C、D 选项正确。

【例题 3】　由于记账差错的具体情况不同，更正错误的方法也不同，一般常用的更正错误的方法（　　）。

A. 画线更正法　　B. 红字更正法　　C. 补充登记法　　D. 抽查法

【答案】　ABC

【分析】　在记账过程中，如果账簿记录发生错误，不得任意涂改，必须按规定的更正方法给予更正。由于记账差错的具体情况不同，更正错误的方法也不同，一般常用的更正错误的方法有画线更正法、红字更正法和补充登记法等三种，因此，A、B、C 选项正确。

6.3　判断题

【例题 1】　账簿按用途分类，可以分为订本式账簿、活页式账簿和卡片式账

簿。(　　)

【答案】 ×

【分析】 账簿按用途分类，可以分为序时账簿、分类账簿和备查账簿。账簿按外表形式分类，可以分为订本式账簿、活页式账簿和卡片式账簿。

【例题 2】 每一单位都必须设置总分类账。(　　)

【答案】 √

【分析】 总分类账能全面地、总括地反映和记录经济业务引起的资金运动和财务收支情况，并为编制会计报表提供数据。

【例题 3】 记账以后，如果发现记账凭证上应借、应贷的会计科目和记账方向并无错误，只是所填的金额小于应填的金额，致使账簿记录也发生同样的差错，应采用红字冲销法。(　　)

【答案】 ×

【分析】 补充登记，又称蓝字补记。记账以后，如果发现记账凭证上应借、应贷的会计科目和记账方向并无错误，只是所填的金额小于应填的金额，致使账簿记录也发生同样的差错，则应采用补充登记法。

【能力训练】

6.1 单项选择题

1. 账簿按(　　)分类，可以分为订本式账簿、活页式账簿和卡片式账簿。

A. 外表形式　B. 用途　C. 账页格式　D. 账户性质

2. 在会计工作中，要求带有统驭性和比较重要的总分类账、现金日记账和银行存款日记账采用(　　)账簿。

A. 活页式　B. 卡片式　C. 订本式　D. 数量金额式

3. (　　)账簿，是在借方、贷方和余额栏下分别分设三个栏目，用以登记财产物资的数量、单价和总金额。

A. 借方多栏式　B. 数量金额式　C. 贷方多栏式　D. 三栏式

4. 对于从银行提取现金的业务，应根据(　　)登记现金日记账。

A. 银行存款付款凭证　B. 银行存款收款凭证

C. 现金收款凭证　D. 现金付款凭证

5. "管理费用"明细账应采用(　　)账簿。

A. 三栏式　B. 贷方多栏式　C. 借方多栏式　D. 借贷方多栏式

6. "库存商品"明细账应采用(　　)账簿。

A. 数量金额式　B. 贷方多栏式　C. 借方多栏式　D. 借贷方多栏式

7. "应交税费—应交增值税"明细账应采用(　　)账簿。

A. 三栏式　B. 贷方多栏式　C. 借方多栏式　D. 借贷方多栏式

8.（　）账簿，是将账页中登记金额的部分分为三个栏目，即借方、贷方和余额三栏。这种格式适用于只提供价值核算信息，不需要提供数量核算信息的账簿。

A. 借方多栏式　B. 数量金额式　C. 贷方多栏式　D. 三栏式

9. 核对总分类账各账户本月借方发生额合计数与贷方发生额合计数是否相等属于（　）。

A. 账账核对　B. 账实核对　C. 账证核对　D. 账表核对

10. 记账以后，发现记账凭证中应借应贷符号、科目或记账方向有错误，且记账凭证同账簿记录的情况相吻合，应采用（　）更正。

A. 红字冲销法　B. 补充登记法

C. 画线更正法　D. 以上三种方法中的任意一种

6.2　多项选择题

1. 根据经济管理的需要和各明细分类账记录内容的不同，明细分类账可以采用（　）三种格式。

A. 三栏式　B. 多栏式　C. 数量金额式　D. 活页式

2. 设置和登记账簿，是对会计凭证进行加工整理的一种专门方法，在经济管理中具有重要的作用，其作用主要体现在（　）。

A. 提供较全面、系统的会计信息，并为会计报表的编制提供依据

B. 确保财产物资的安全完整，及各项资金的合理使用

C. 提供经营成果的详细资料，为财务成果的分配提供依据

D. 提供会计分析的参考资料，为会计检查提供依据

3. 账簿按外表形式分类，可以分为（　）。

A. 订本式账簿　B. 卡片式账簿　C. 活页式账簿　D. 序时式账簿

4. 总分类账的格式因采用的会计核算组织形式不同而各异，一般有（　）。

A. 三栏式　B. 多栏式　C. 数量金额式　D. 活页式

5. 根据经济管理的需要和各明细分类账记录内容的不同，明细分类账可以采用（　）格式。

A. 三栏式　B. 多栏式　C. 数量金额式　D. 活页式

6.（　）明细账应使用数量金额式明细分类账。

A. 原材料　B. 库存商品　C. 应收账款　D. 应付账款

7. 如果过账时发生错误，首先应确定错账的差额，从这一金额的某些特征可能提供错账类型的线索，从而找出错误所在。一般的方法有（　）。

A. 差数法　B. 二除法　C. 九除法　D. 抽查法

8. 会计账簿的保管期限，应遵循《会计档案管理办法》。企业单位的（　　）保管期限为 25 年。

A. 现金日记账　　B. 银行存款日记账

C. 总分类账　　D. 辅助账簿

9. 企业应建立定期的对账制度，在结账前和结账过程中，把账簿记录的数字核对清楚，做到（　　）。

A. 账证相符　　B. 账账相符　　C. 账实相符　　D. 账表相符

10. 红字更正法一般适用于下列（　　）情况。

A. 结账前，发现账簿记录中的文字或数字有错误，而其所依据的记账凭证没有错误，即纯属记账时笔误或计算错误

B. 记账以后，发现记账凭证中应借应贷符号、科目或记账方向有错误，且记账凭证同账簿记录的情况相吻合

C. 在记账以后，如发现记账凭证中应借、应贷会计科目和方向都没有错，只是金额发生错误，而且记入账簿的金额大于应记的正确金额

D. 在记账以后，如发现记账凭证中应借、应贷会计科目和方向都没有错，只是金额发生错误，而且记入账簿的金额小于应记的正确金额

6.3 判断题

1. 由于多栏式总账将全部总账账户放在一张账页中进行登记，使账页篇幅较大，不便于采用计算机记账的单位使用。（　　）

2. 会计账簿，简称账簿，是由具有一定格式、互有联系的若干账页所组成，以会计凭证为依据，用以全面、系统、序时、分类记录和反映各项经济业务的簿记。（　　）

3. 序时账簿，是对各项经济业务按其发生时间的先后顺序，逐日逐笔连续进行登记的账簿。（　　）

4. 明细账按其记录内容的不同又分为普通日记账和特种日记账。（　　）

5. 在会计实务中，为了简化记账的手续，除了现金和银行存款收付要计入现金日记账和银行存款日记账以外，其他各项目一般不再设置特种日记账进行登记。（　　）

6. 现金日记账，是由会计根据现金收款凭证、现金付款凭证和银行存款付款凭证（记录从银行提取现金的业务），按经济业务发生的时间先后顺序逐日逐笔进行登记的一种特种日记账。（　　）

7. 总分类账可以根据记账凭证逐日逐笔登记，也可以将一定时期的记账凭证汇总编制成“汇总记账凭证”或“科目汇总表”（或“记账凭证汇总表”），再据以登记总账，还可以直接根据多栏式现金和银行存款日记账登记总账。（　　）

8. 登记账簿作为会计核算的专门方法之一，它包括记账、对账和结账三个相互联系不可分割的工作环节。(　　)

9. 在每月结账前，发现账簿记录中的文字或数字有错误，而其所依据的记账凭证没有错误，即纯属记账时笔误或计算错误，应采用红字更正法进行更正。(　　)

10. 在用红字更正法和补充登记法更正错误时，在更正错误的记账凭证上，应注明被更正的记账凭证的日期和编号，以便核对查考。(　　)

6.4 名词解释

1. 会计账簿
2. 序时账簿
3. 总分类账
4. 数量金额式账簿
5. 对账
6. 结账
7. 账证核对
8. 红字更正法
9. 补充登记法
10. 画线更正法

6.5 简答题

1. 设置和登记账簿具有哪些重要作用?
2. 会计账簿按用途可以分为哪几类?
3. 会计账簿按外表形式可以分为哪几类?
4. 什么是对账? 对账包括哪些方面内容?
5. 画线更正法的更正要求是什么?
6. 红字更正法适用于哪些情况?
7. 补充登记法的更正要求是什么?

第 7 章　工业企业的主要经济业务核算和成本计算

【学习目标】

通过本章的学习，了解工业企业主要经济业务核算的内容；理解工业企业生产流程全过程中的货币运动及其规律；领会账户设置和主要业务账户之间对应关系；熟悉借贷记账法在经济业务中的综合运用；掌握资金从流入企业经由生产准备阶段、产品生产阶段、产品销售阶段直至资金流出企业全过程的账务处理方法；掌握生产准备阶段、产品生产阶段、产品销售阶段的基本账务处理中成本费用的归集、分配和损益计算的相关内容。

【学习重点】

工业企业是从事生产经营活动的主体，同其他类型的企业相比，它的经营活动经历了生产准备、产品生产和产品销售三个完整的阶段，资金形态依次从货币资金开始，进入生产准备过程转化为储备资金和固定资金；进入产品生产过程转化为生产资金，产品生产过程结束后转化为成品资金；进入产品销售过程转化为货币资金。它的资金运动过程最完整，经济业务最具有代表性。因此，我们介绍企业主要经济业务的核算，是以工业企业经济业务的会计核算为例加以说明的。工业企业的经济业务主要有：资金筹集业务、生产准备业务、产品生产业务、产品销售业务、财务成果业务与资金退出业务等。

7.1　资金筹集业务的核算

7.1.1　所有者权益资金筹集业务的核算

所有者向企业投入的资本包括实收资本和资本公积，在核算中应设置“实收资本”和“资本公积”账户。

实收资本应按照实际收到的投资额入账，对于实际收到的货币资金额或投资各方确认的资产价值超过其在注册资本中所占的份额部分，计入资本公积金。对于股份公司的实收资本即股本。应将其面值直接记入“股本”账户，超面值部分记入“资本公积”账户。其一般的会计分录为：

借：银行存款等相关资产类科目

　　贷：实收资本或股本（相当于面值部分）

　　　　资本公积（超过其注册资本或超面值部分）

7.1.2　负债资金筹集业务的核算

负债资金筹集业务主要包括短期借款和长期借款业务，在核算中应设置“短期借款”、“长期借款”和“财务费用”账户。

(1) 短期借款业务应编制会计分录为

取得短期借款时：

借：银行存款

　　贷：短期借款

计提短期借款利息：

借：财务费用

　　贷：应付利息

偿还短期借款利息：

借：财务费用（当期）

　　应付利息（前期）

　　贷：银行存款

偿还短期借款本金：

借：短期借款

　　贷：银行存款

(2) 长期借款业务应编制会计分录为

长期借款的本金应按照获得贷款时实际收到的贷款数额进行确认与计量，对于按规定的利率和使用期限计算的利息，一方面应作为长期借款入账（注意此处与短期借款的区别），另一方面要注意利息资本化或费用化的不同。其一般会计分录为

取得长期借款时：

借：银行存款或在建工程

　　贷：长期借款

计提长期借款利息：

借：在建工程（固定资产达到可使用状态之前应将利息资本化）

　　财务费用（固定资产达到可使用状态之后应将利息费用化）

　　贷：长期借款

偿还长期借款的本金和利息：

借：财务费用（当期费用化的利息）

　　长期借款

　　贷：银行存款

7.2 生产准备业务的核算

生产准备阶段主要是核算和监督固定资产的购置和材料采购业务的发生情况。

7.2.1 固定资产购置业务的核算

对于固定资产购入业务，要注意两点：一是固定资产原始价值的具体构成内容即买价、税金、包装费、运杂费和安装费等；二是购入的固定资产在核算时一定要区分不需要安装和需要安装两种情况。对于不需要安装的固定资产，在购买完成之后，应按照购买过程中发生的全部支出形成固定资产的原始价值，记入“固定资产”账户；对于需要安装的固定资产，在达到预定可使用状态之前（也即没有形成原始价值），必须通过“在建工程”账户进行核算，待工程达到可使用状态形成固定资产后，方可将安装工程的全部成本，从“在建工程”账户的转入“固定资产”账户。

（1）对于不需要安装的固定资产

借：固定资产

　　贷：银行存款等相关科目

（2）对于需要安装的固定资产

借：在建工程

　　贷：银行存款

　　　　原材料

　　　　应付职工薪酬等科目

在建工程完工并交付使用：

借：固定资产

　　贷：在建工程

7.2.2 材料采购业务的核算

对于材料采购业务，按照《企业会计制度》的规定，企业的材料可以按实际成本计价核算，也可以按计划成本计价核算。

1. 原材料采用实际成本核算

1）购入材料的核算

原材料按实际成本核算的，首先注意购入原材料的采购成本包括买价和采购费用，其次要注意核算时涉及到的账户及其账务处理。其主要涉及“原材料”、“在途物资”、“应交税金”、“应付账款”、“应付票据”和“预付账款”账户。

对于企业购入的材料，在验收入库前，按购买材料的实际成本记入“在途物资”账户，然后，待材料验收入库时再从该账户转入“原材料”账户。企业在购进材料时需要向供货方支付增值税额，称为进项税额，记入“应交税费——应交增值税”账户的借方，以待抵扣销售产品时向购买单位收取的销项税额。其一般的会计分录为：

购入材料：

借：在途物资

　　应交税费——应交增值税（进项税）

　　贷：银行存款（或应付账款、应付票据、预付账款）等科目

验收入库：

借：原材料

　　贷：在途物资

2）发出材料的核算

原材料是存货的一种。采用实际成本进行材料日常核算的，发出材料的实际成本，《企业会计准则——存货》规定可以采用先进先出法、月末一次加权平均法、移动加权平均法、个别计价法等方法中选择。计价方法一经确定，不得随意变更。如需变更，应在财务报表附注中予以说明。

2. 原材料采用计划成本核算

材料按计划成本计价进行核算，就是材料的收发凭证按计划成本计价，材料总账及明细账均按计划成本登记，通过增设“材料成本差异”账户来核算材料实际成本与计划成本之间的差异额，并在会计期末对计划成本进行调整，以确定库存材料的实际成本和发出材料应负担的差异额，进而确定发出材料的实际成本。主要涉及“原材料”、“材料采购”、“材料成本差异”、“应交税金”、“应付账款”、“应付票据”和“预付账款”等账户。基本核算程序为：

第一，采购时，按实际成本记入“材料采购”账户的借方；

第二，验收入库时，按计划成本记入“原材料”账户的借方和“材料采购”账户的贷方；

第三，期末结转，验收入库材料形成的材料成本差异超支额记入“材料成本差异”账户的借方，节约额记入“材料成本差异”账户的贷方；

第四，平时发出的材料按计划成本核算；

第五，月末，计算材料成本差异率，结转发出材料应负担的差异额，将发出材料的计划成本调整为实际成本。

材料按计划成本核算涉及到的常见会计分录分别为：

1）购入材料的核算

购入材料时：

借：材料采购（实际成本）

　　应交税费——应交增值税（进项税额）

　　贷：银行存款等科目

材料验收入库：

借：原材料（计划成本）

　　贷：材料采购

期末结转材料成本差异超支额：

借：材料成本差异（实际成本大于计划成本的超支差异）

　　贷：材料采购

期末结转材料成本差异节约额：

借：材料采购

　　贷：材料成本差异（实际成本小于计划成本的节约差异）

2）发出材料的核算

月末，结转发出材料的计划成本：

借：生产成本——基本生产成本

　　　　　　——辅助生产成本

　　制造费用

　　销售费用

　　管理费用等科目

　　贷：原材料

结转发出材料应负担的成本差异：

上述发出材料的计划成本应通过“材料成本差异”科目进行结转，将发出材料的计划成本调整为实际成本，借记或贷记“生产成本”、“制造费用”、“销售费用”、“管理费用”等科目，贷记或借记“材料成本差异”科目。发出材料应负担的成本差异应当按期（月）分摊，不得在季末或年末一次计算。

材料成本差异率的计算公式如下：

$$\text{本期材料成本差异率}=\frac{\text{期初结存材料的成本差异}+\text{本期验收入库材料的成本差异}}{\text{期初结存材料的计划成本}+\text{本期验收入库材料的计划成本}}\times 100\%$$

$$\text{期初材料成本差异率}=\frac{\text{期初结存材料的成本差异}}{\text{期初结存材料的计划成本}}\times 100\%$$

$$\text{发出材料应负担的成本差异}=\text{发出材料的计划成本}\times\text{材料成本差异率}$$

7.3　产品生产业务的核算

产品生产过程业务的核算，其核心内容就是通过“生产成本”账户和“制造费用”账户归集生产费用，计算产品的生产成本。生产费用按其计入产品成本的方式的不同，可以分为直接费用和间接费用。直接费用是指企业生产产品过程中实际消耗的直接材料、直接工资和其他直接支出，直接记入“生产成本”账户。间接费用是指企业为生产产品和提供劳务而发生的各项间接支出，也称为制造费用，应先在“制造费用”账户进行归集，月末再按照一定的标准对其进行分配，然后结转记入“生产成本”账户。根据“生产成本”账户所核算的各项直接或间接费用，采用一定的方法即可计算出完工产品的生产成本，并随着完工产品的验收入库，其生产成本也随之转入“库存商品”账户。因此在产品生产业务核算中涉及“生产成本”、“制造费用”、“应付职工薪酬”、“累计折旧”、“库存商品”和“管理费用”等账户。

1. 材料费用、人工费用的归集和分配

本月发生的材料费用和人工费用按其用途和受益对象不同，分别计入生产费用和其他有关费用。应编制的会计分录为：

借：生产成本
　　制造费用
　　管理费用等科目
　　贷：原材料
　　　　应付职工薪酬——工资
　　　　　　　　　　——职工福利

2. 制造费用的归集和分配

平时发生的制造费用在发生时一般无法直接判定其应归属的成本核算对象，因而不能直接计入所生产的产品成本中，必须将上述各种费用按照发生的不同空间范围直接归集在“制造费用”账户的借方，期末时，再将本期“制造费用”账户借方所归集的制造费用总额，按照一定的标准（如生产工人工资比例、生产工人工时比例或机器工时比例），采用一定的分配方法，在各种产品之间进行分配，计算出某种产品应负担的制造费用，然后，再从“制造费用”账户的贷方转入“生产成本”账户的借方。

1）制造费用的归集

借：制造费用
　　贷：银行存款
　　　　累计折旧
　　　　周转材料——低值易耗品等科目

2）制造费用的分配

按生产工资（工时）比例作为分配标准进行分配，其计算公式如下：

$$制造费用分配率=\frac{当月发生的制造费用总额}{生产工人工资（工时）总额}$$

某产品应负担的制造费用=某产品生产工人工资（工时）×制造费用分配率

应编制的会计分录为：

借：生产成本

　　贷：制造费用

3. 完工产品生产成本的计算与结转

1）完工产品生产成本的计算

月初在产品成本+本月发生生产成本=本月完工产品成本+月末在产品成本

或者是：

月末在产品成本=月初在产品成本+本月发生生产成本-本月完工产品成本

2）当月完工产品成本结转应编制的会计分录为

借：库存商品

　　贷：生产成本

7.4　产品销售业务的核算

产品销售业务核算的内容，包括主营业务和其他业务两部分。其主要任务是确定和记录企业的主营业务收支和其他业务收支；因销售商品而发生的实际成本、销售费用；计算企业销售活动应负担的税金及附加；反映企业与购货单位所发生的货物结算关系；监督主营业务税金及附加的及时缴纳等。因此需要设置“主营业务收入”、“主营业务成本”、“销售费用”、“营业税金及附加”、“应收账款”、“预收账款”、“应收票据”、“其他业务收入”、“其他业务成本”等账户。

1. 主营业务的账务处理

1）产品销售收入确认时

借：银行存款（或应收账款、应收票据、预收账款等）

　　贷：主营业务收入

　　　　应交税费——应交增值税（销项税）

2）结转销售产品的销售成本

借：主营业务成本

　　贷：库存商品

3）发生的销售费用

借：销售费用

　　贷：银行存款

　　　　应付职工薪酬

4）销售活动应负担的税金及附加

借：营业税金及附加

　　贷：应交税费——应交消费税

　　　　　　　　——应交城建税

　　　　　　　　——应交教育费附加

2. 其他业务的账务处理

1）其他业务收入确认时

借：银行存款

　　贷：其他业务收入

　　　　应交税费——应交增值税（销项税）

2）结转其他业务成本

借：其他业务成本

　　贷：原材料

　　　　周转材料——包装物等科目

7.5　财务成果业务的核算

财务成果是企业各项收入与各项支出相互配比的结果。财务成果业务的核算涉及的账户："本年利润"、"投资收益"、"营业外收入"、"营业外支出"、"所得税费用"、"利润分配"、"应付股利"、"盈余公积"等账户。

7.5.1　利润形成的核算

企业在一定会计期间的净利润（或净亏损）是由以下几个部分构成的，其关系式为：

（1）营业利润＝营业收入－营业成本－营业税金及附加－销售费用－管理费用－财务费用－资产减值损失＋公允价值变动收益（－公允价值变动损失）＋投资收益（－投资损失）

（2）利润总额＝营业利润＋营业外收入－营业外支出

（3）净利润（税后利润）＝利润总额－所得税费用

由于构成企业利润的各项收支业务平时分散在有关损益账户中，期末计算利润时应将各损益账户"余额"转入"本年利润"账户。

借：主营业务收入
　　其他业务收入
　　营业外收入
　　投资收益
　　贷：本年利润
借：本年利润
　　贷：主营业务成本
　　　　销售费用
　　　　营业税金及附加
　　　　管理费用
　　　　财务费用
　　　　其他业务成本
　　　　营业外支出
　　　　所得税费用

通过期末将各项损益类账户结转至“本年利润”账户后，根据“本年利润”账户借、贷方的金额，确定当期的利润总额。

① 计算应交纳所得税费用：

应交纳所得税费用＝应纳税所得额×适用税率

应编制的会计分录为：

借：所得税费用
　　贷：应交税费——应交所得税

② 将所得税费用结转至“本年利润”账户：

借：本年利润
　　贷：所得税费用

7.5.2 利润分配的核算

将所得税费用结转至“本年利润”账户后，该账户借、贷方金额相抵后，如为贷方余额即为本期实现的净利润，否则即为亏损。年末应将该账户余额转入“利润分配”账户。

借：本年利润
　　贷：利润分配——未分配利润

企业当期实现的净利润，加上年初未分配利润（或减去年初未弥补亏损）和其他转入后的余额，为可供分配的利润。企业实现的净利润，应按下列顺序分配：①弥补以前年度亏损；②提取法定盈余公积；③提取法定公益金；④向投资者分配利润。

借：利润分配——提取法定盈余公积
　　　　　　——提取法定公益金
　　　　　　——应付现金股利
　　贷：盈余公积——法定盈余公积
　　　　　　　　——法定公益金
　　　　应付股利

期末结清“利润分配”账户所属的各明细分类账户，就是将各个明细账户的余额从其反方向分别结转到“利润分配——未分配利润”账户中，也就是将账户的借方余额，从贷方结转，贷方余额从借方结转。应编制的会计分录为：

借：利润分配——未分配利润
　　贷：利润分配——提取法定盈余公积
　　　　　　　　——提取法定公益金
　　　　　　　　——应付现金股利

7.6　资金退出业务的核算

企业运用筹集的资金进行生产经营活动，经过一定时期的循环和周转，在一定时点一部分资金将会退出企业。资金退出业务核算的主要内容包括上交税金、向投资者分配利润、偿还到期债券的本息、福利费开支、向其他单位投资、固定资产报废和出售等。主要涉及“交易性金融资产”、“长期股权投资”、“固定资产清理”等账户。一般会计分录为：

（1）上交税金

借：应交税费——应交增值税（已交税金）
　　贷：银行存款

（2）偿还借款

借：短期借款（或长期借款）
　　贷：银行存款

（3）支付利润

借：应付利润
　　贷：银行存款

（4）支付福利费

借：应付职工薪酬——职工福利
　　贷：库存现金

（5）对外投资

借：交易性金融资产（或长期股权投资）

贷：银行存款

(6) 出售的固定资产

① 将出售的固定资产转入清理时：

借：固定资产清理

累计折旧

贷：固定资产

② 收到价款：

借：银行存款

贷：固定资产清理

③ 交纳营业税：

借：固定资产清理

贷：应交税费——应交营业税

④ 若结转净收益：

借：固定资产清理

贷：营业外收入——非流动资产处置利得

若结转净损失：

借：营业外收入——非流动资产处置损失

贷：固定资产清理

【学习难点】

(1) 负债资金利息费用的核算；

(2) 材料采购业务按计划成本核算；

(3) 发出材料成本的计算；

(4) 制造费用的归集与分配；

(5) 完工产品成本的计算与结转；

(6) 净利润的计算；

(7) 利润分配的核算；

(8) 固定资产清理的核算。

【典型例题分析】

7.1 单项选择题

【例题 1】 甲企业收到乙企业以设备投入的资本。甲企业的注册资本为 100 万元。该设备的原价为 50 万元，已提折旧 6 万元，投资合同约定该设备的价值为 30 万元（公允价值），占注册资本的 20%，则甲企业的实收资本应为（　　）

万元。

A. 10　　B. 20　　C. 40　　D. 44

【答案】C

【分析】 接受投资者投入的固定资产应当按合同或协议约定的价值（不公允的除外）计入“固定资产”，按在注册资本中的份额计入“实收资本”，超出部分作为“资本公积”。

【例题 2】 企业到期无力偿还的应付票据，应按其账面余额转入（　　）账户。

A. 短期借款　　B. 应付账款　　C. 财务费用　　D. 营业外收入

【答案】 B

【分析】企业到期无力偿还的应付票据，应按其账面余额转入“应付账款”。

【例题 3】 某企业为增值税小规模纳税企业。企业购入甲材料 600 公斤，每公斤含税单价为 50 元，发生运杂费 2 000 元，运输途中发生的合理损耗 10 公斤，入库前发生的挑选整理费 200 元。该批甲材料的入账价值为（　）万元。

A. 30 000　　B. 32 000　　C. 32 200　　D. 32 700

【答案】 C

【分析】甲材料的入账价值＝600×50＋2 000＋200＝32 200（元）

【例题 4】 某企业年初未分配利润为 100 万元，本年净利润为 1 000 万元，按 10％计提法定盈余公积，宣告发放现金股利为 100 万元，该企业期末未分配利润为（　）万元。

A. 900　　B. 820　　C. 780　　D. 700

【答案】 A

【分析】企业期末未分配利润＝期初未分配利润＋本期实现的净利润－本期提取的盈余公积－本期向投资者分配的利润＝100＋1 000 －1 000×10％－100＝900（万元）。

【例题 5】 下列各项中，不影响企业营业利润的项目有（　）。

A. 劳务收入　　B. 出售包装物收入

C. 财务费用　　D. 出售固定资产净收益

【答案】 D

【分析】 选项 A 和 B 属于收入，选项 C 属于费用，均影响企业营业利润的计算。选项 D 计入营业外收入，属于利得，不在营业利润范围内。

7.2　多项选择题

【例题 1】 下列各项中，应通过“资本公积”账户核算的有（　）。

A. 发行股票取得的股本溢价

B. 转销确实无法偿还的应付账款

C. 接受现金捐赠

D. 长期股权投资权益法核算下，被投资单位因资本公积增加而增加的所有者权益

【答案】 AD

【分析】 选项B和C应计入营业外收入。

【例题2】 企业长期借款的利息费用，可能涉及的账户有（　　）。

A. 固定资产　　B. 在建工程　　C. 管理费用　　D. 财务费用

【答案】 BCD

【分析】 如果用于购建固定资产的，在固定资产尚未达到预定可使用状态前，所发生的利息支出应当予以资本化，计入“在建工程”账户；属于筹建期间的，计入“管理费用”；属于生产经营期间的，计入财务费用。

【例题3】 下列各项中，应计入工业企业外购材料入账价值的有（　　）。

A. 材料的购买价格　　B. 运输途中的运输费

C. 运输途中的合理损耗　　D. 入库前的挑选整理费

【答案】 ABCD

【分析】 材料的买价加上材料采购过程中发生的相关费用，如仓储费、运输费、包装费、途中的合理损耗、入库前的挑选整理费等费用，计入原材料采购成本。

【例题4】 下列各项中，应计入当期生产成本的有（　　）。

A. 生产设备的折旧　　B. 生产产品耗用的材料成本

C. 行政管理部门固定资产的折旧　　D. 生产工人的职工薪酬

【答案】 ABD

【分析】 行政管理部门固定资产的折旧应计入“管理费用”，而不计入生产成本。

【例题5】 下列各项中，期末结转后账户无余额的有（　　）。

A. 应付职工薪酬 B. 所得税费用　　C. 投资收益　　D. 其他业务成本

【答案】 BCD

【分析】 选项B、C、D是损益类账户期末结转到“本年利润”账户，结转后账户无余额。选项A是负债类账户，期末余额在贷方，表示应付未付的职工薪酬。

7.3　判断题

【例题1】 在溢价发行股票的情况下，公司发行股票的溢价收入，直接冲减当期的财务费用。（　）

【答案】 ×

【分析】 公司溢价发行股票的收入，应该计入“资本公积”。

【例题 2】 企业的短期借款利息应在实际支付时计入当期财务费用。（　　）

【答案】 ×

【分析】 企业的短期借款利息一般采用月末预提的方式进行核算。

【例题 3】 企业购进固定资产支付的增值税，应计入“应交税费——应交增值税（进项税额）”账户。（　　）

【答案】 ×

【分析】 企业购进固定资产支付的增值税，应计入固定资产的成本。

【例题 4】 本月发生的生产成本，一定是本月完工产品的成本。（　　）

【答案】 ×

【分析】 本月发生的生产成本，并不一定是本月完工产品的成本，也可能是本月在生产产品的成本。

【例题 5】 年度终了，只有在企业亏损的情况下，才应将“本年利润”账户的本年累计余额转入“利润分配——未分配利润”账户。（　　）

【答案】 ×

【分析】 年度终了，无论盈亏均应将“本年利润”账户的本年累计余额转入“利润分配——未分配利润”账户。

【能力训练】

7.1　单项选择题

1. 有限责任公司增资扩股时，如果有新的投资者加入，则新加入的投资者缴纳的出资额大于按约定比例计算的其在注册资本中所占份额部分应记入的贷方账户是（　　）。

A. “实收资本”账户　　B. “股本”账户
C. “资本公积”账户　　D. “盈余公积”账户

2. 某项经济业务使固定资产和实收资本同时增加，该项经济业务应表述为（　　）。

A. 购入全新的固定资产　　B. 出售全新的固定资产
C. 用固定资产投资　　D. 接受投资人的固定资产投资

3. 企业为维持正常的生产经营所需资金而向银行等金融机构临时借入的款项称为（　　）。

A. 长期借款　B. 短期借款　C. 长期负债　D. 流动负债

4. 企业计提长期借款的利息支出时应贷记的账户是（　　）。

A. “财务费用”账户　　B. “预提费用”账户

C. “长期借款”账户　D. “在建工程”账户

5. 企业设置“固定资产”账户是用来反映固定资产的（　）。

A. 磨损价值　B. 累计折旧　C. 原始价值　D. 净值

6. 某企业2003年5月1日“材料成本差异”账户的贷方余额为17 000元，“原材料”账户的余额为1 000 000元，本月购入材料的实际成本为1 690 000元，计划成本为1 700 000元，本月发出材料计划成本为1 200 000元，则企业5月31日原材料的实际成本为（　）。

A. 1 500 000元　B. 1 485 000元　C. 1 566 012元　D. 1 511 100元

7. 某制造业企业为增值税一般纳税人。本期外购原材料一批，发票注明买价20 000元，增值税额为3 400元，入库前发生的挑选整理费用为1 000元。则该批原材料的入账价值为（　）。

A. 20 000元　B. 23 400元　C. 21 000元　D. 24 400元

8. 某企业为增值税一般纳税企业，材料按计划成本核算，甲材料计划单位成本为35元/千克，企业购入甲材料500千克，增值税专用发票注明的材料价款为17 600元，增值税税额为2 992元，企业在材料验收入库时实收490千克，短缺的10千克为运输途中的合理损耗，则该批入库材料的成本差异额为（　）。

A. 450元　B. 100元　C. 3 442元　D. 3 092元

9. 下列费用中，不构成产品成本，而应直接计入当期损益的是（　）。

A. 直接材料费　B. 直接人工费　C. 期间费用　D. 制造费用

10. 采购材料过程中发生的增值税应计入（　）。

A. “在途物资”账户的借方

B. “应缴税费——应缴增值税”账户的贷方

C. “应缴税费——应缴增值税”账户的借方

D. “原材料”账户的借方

11. 企业材料按计划成本核算时，下列项目应计入“材料采购”账户借方的是（　）。

A. 结转发出材料应负担的节约差异

B. 结转发出材料应负担的超支差异

C. 结转采购入库材料的超支差异

D. 结转采购入库材料的节约差异

12. 下列项目中（　）属于营业外收入。

A. 销售材料的收入　B. 转让无形资产使用权的收入

C. 出售固定资产的净收益　D. 出租固定资产的租金收入

13. 年末结账后，“利润分配”账户的贷方余额表示（　）。

A. 本年实现的利润总额　B. 本年实现的净利润额

C. 本年利润分配总额　　　　D. 年末未分配利润额

14. 按工资总额的一定比例提取的职工福利基金，应在（　）账户中核算。

A. 应付账款　　　　B. 应付职工薪酬

C. 库存现金　　　　D. 银行存款

15. 企业最终的财务成果表现为利润总额，其计算公式为（　）。

A. 利润总额＝营业利润

B. 利润总额＝营业利润＋其他业务利润

C. 利润总额＝营业利润－（销售费用＋管理费用＋财务费用）

D. 利润总额＝营业利润＋营业外收入－营业外支出

7.2　多项选择题

1. 企业吸收投资者出资时，下列会计科目的余额可能发生变化的有（　）。

A. 盈余公积　　B. 资本公积　　C. 实收资本　　D. 利润分配

2. 工业企业的资金投入包括（　）。

A. 投资人投入的资本　　　　B. 向银行及其他金融机构借入

C. 销售产品所取得的货款　　　　D. 收回前欠的货款

3. 企业结转工资时可能涉及的借方对应账户有（　）。

A. "生产成本"　B. "制造费用"　C. "管理费用"　D. "销售费用"

4. 企业购入材料的采购成本包括（　）。

A. 材料买价　　　　B. 采购费用

C. 增值税进项税额　　　　D. 采购人员差旅费

5. "营业务税金及附加"账户借方登记的内容有（　）。

A. 消费税　　　　B. 增值税

C. 城市维护建设税　　　　D. 教育费附加

6. 下列各项中应计入营业外收入的有（　）。

A. 处没罚金收入　　　　B. 固定资产盘盈收入

C. 接受现金捐赠收入　　　　D. 确实无法偿还的应付账款

7. 企业实现的净利润应进行下列分配（　）。

A. 计算缴纳所得税　　　　B. 提取法定盈余公积金

C. 提取公益金　　　　D. 向投资人分配利润

8. 为了具体核算企业利润分配及未分配利润情况，"利润分配"账户应设置相应的明细账户，下列属于"利润分配"明细账户的有（　）。

A. "提取盈余公积"　　　　B. "提取资本公积金"

C. "应付普通股股利"　　　　D. "未分配利润"

9. 下列账户中，月末结转后无余额的账户有（　）。

A. 主营业务收入　　　　　　B. 主营业务成本
C. 累计折旧　　　　　　　　D. 营业外支出

10. “材料成本差异”账户贷方登记的内容有（　　）。
A. 入库材料成本的超支差异
B. 入库材料成本的节约差异
C. 结转发出材料应负担的超支差异
D. 结转发出材料应负担的节约差异

11. “制造费用”账户借方登记的内容包括（　　）。
A. 车间辅助人员的工资和福利费　　B. 车间办公费
C. 机器设备的折旧费　　　　　　　D. 采购人员的差旅费

12. 对于共同性采购费用，应分配计入材料采购成本，下列内容可以用来作为分配材料采购费用标准的有（　　）。
A. 材料的买价　B. 材料的种类　C. 材料的体积　D. 材料的重量

13. 产品在生产过程中发生的各项生产费用按其经济用途进行分类构成产品生产成本的成本项目，具体包括（　　）。
A. 直接材料费　B. 直接工资费　C. 期间费用　D. 制造费用

14. 确定本月完工产品成本时，影响其生产成本计算的因素主要有（　　）。
A. 月初在产品成本　　　　B. 本月发生的生产费用
C. 月末库存产品成本　　　D. 月末在产品生产成本

15. 企业发生的下列经济业务中，属于资金退出的有（　　）。
A. 购买固定资产　　　　　　B. 缴纳所得税
C. 向投资者分配现金股利　　D. 向投资者分配股票股利

7.3　判断题

1. “在途物资”账户期末一定没有余额。（　）

2. 职工薪酬作为企业的一项支出，在实际发生时根据职工提供服务的受益对象不同，分别形成企业的费用成本或应计入有关资产的成本。（　）

3. 材料采购成本的计算，就是把企业在材料采购过程中支付的材料买价和采购费用，按材料的批量品种类别加以归集，计算其采购总成本和单位成本。（　）

4. 车间领用一般性消耗的材料，在会计处理上应属于增加管理费用。（　）

5. 因为制造费用是产品成本的一个组成部分，因而属于直接费用。（　）

6. 企业用支票支付购货款时，应通过“应付票据”账户进行核算。（　）

7. “固定资产”账户登记企业所有的固定资产的原价以及固定资产的增减变

动和结余情况，不仅包括企业购入、自建的固定资产，同时也包括融资租入的固定资产。(　　)

8. 不论是“移动加权平均法”还是“先进先出法”，都是为了确定发出材料物资的单价而采用的计价方法，这些方法仅适用于实行实际成本计价的企业单位。(　　)

9. 企业的原材料无论是按实际成本计价还是按计划成本计价核算，其计入生产成本的原材料成本最终均应为所耗用材料的实际成本。(　　)

10. 以银行长期借款等长期负债购建的固定资产，发生的借款利息应全部包括在固定资产的取得成本中。(　　)

11. 企业对外出售固定资产时，获得的出售收入应记入“其他业务收入”账户。(　　)

12. 对于到期一次还本付息的长期借款，在到期前的各个会计期末计提利息时，应增加长期借款的账面价值。(　　)

13. 不论短期借款的用途如何，企业发生的短期借款利息支出，均应计入当期损益。(　　)

14. 对于预收货款业务不多的企业，可以不单独设置“预收账款”账户，其发生的预收货款通过“应收账款”账户核算。(　　)

15. “所得税费用”账户是负债类账户。(　　)

16. 企业当期实现的净利润提取了法定盈余公积金和法定公益金之后的差额即为企业的未分配利润。(　　)

17. 小规模纳税人购进原材料发生的增值税应计入原材料的采购成本。(　　)

18. 企业在经营过程中发生的某项费用计入制造费用和计入管理费用对当期经营成果的影响是相同的。(　　)

19. 企业外购固定资产的取得成本中不包括购入固定资产时所支付的增值税额。(　　)

20. 长期借款的利息支出应根据利息支出的具体情况予以资本化或计入当期损益。(　　)

7.4　名词解释

1. 实收资本
2. 资本公积
3. 短期借款
4. 长期借款
5. 采购成本

6. 固定资产折旧

7. 制造费用

8. 生产成本

9. 销售费用

10. 应收账款

11. 财务成果

12. 交易性金融资产

13. 固定资产清理

14. 成本计算

7.5 简答题

1. 简述工业企业主要经济业务核算内容。

2. 企业筹集资金的主要渠道有哪些？说明各自的具体内容。

3. 生产过程中应设置哪些成本、费用类账户？

4. 材料采购成本包括哪些内容？材料采购成本如何计算？

5. 简述原材料按实际成本和计划成本核算分别涉及哪些账户？如何进行核算？

6. 什么是成本项目，产品成本项目有哪几项？

7. 简述产品生产成本的计算程序。

8. 利润总额及净利润应如何计算？

9. 怎样理解“累计折旧”账户的用途及结构？

10. 简述企业利润分配的顺序。

7.6 业务计算题

习 题 一

1. 目的：练习工业企业资金投入和退出的核算。

2. 资料：宏达股份公司 2007 年 1 月发生下列经济业务：

（1）收到国家投入资金 500 000 元存入银行。

（2）向银行借入临时借款 60 000 元，存入银行，期限为三个月。

（3）接受甲单位投入生产设备一台，原值 300 000 元，已提折旧 75 000 元，投资双方确认的合同价为 250 000 元。

（4）临时借款 60 000 元到期，以银行存款归还。

（5）将闲置的一台设备向乙单位投资，该设备原值 180 000 元，已提折旧 50 000元，使用寿命为五年。

(6) 出售不需用设备一台，双方协议价为 25 000 元。该设备原值为 30 000 元，已提折旧 5 000 元，价款已收到，并存入银行，营业税按 5%缴纳。

(7) 以银行存款支付劳保医院职工医药费计 3 500 元。

3. 要求：根据上述资料编制会计分录。

习　题　二

1. 目的：练习材料计划成本的确定。

2. 资料：宏达股份公司 3 月份甲材料月初材料成本节约差异额 620 元，月初库存材料的计划成本 30 700 元，3 月份购入甲材料的计划成本 70 300 元，实际成本67 890元，3 月份发出甲材料的计划成本为 50 000 元。

3. 要求：(1) 计算甲材料的本月成本差异率；

(2) 计算发出材料应负担的材料成本差异额；

(3) 期末结存甲材料的实际成本。

习　题　三

1. 目的：练习生产费用的计算、制造费用的分配以及成本的确定。

2. 资料：宏达股份公司所属 M 工厂生产 A、B 两种产品，2007 年 3 月份有关 A、B 产品的资料如下：

(1) 月初在产品成本见表 7-1。

表 7-1　月初在产品成本

在产品名称	数量（件）	直接材料	直接人工	制造费用	合　计
A 产品	200	48 000	12 000	6 500	66 500
B 产品	60	32 000	8 000	3 300	43 300
合　计		80 000	20 000	11 700	109 800

(2) 本月发生的生产费用：A 产品的直接材料费 165 000 元，直接人工费 58 400元；B 产品的直接材料费 126 000 元，直接人工费 35 600 元；本月共发生制造费用 70 500 元。

(3) 月末 A 产品完工 500 件，B 产品完工 300 件。

(4) 月末 A 产品未完工 40 件，其总成本的具体构成为：直接材料 6 500 元，直接人工 4 200 元，制造费用 3 000 元，合计为 13 700 元；B 产品没有月末在产品。

3. 要求：按直接人工费为标准分配制造费用，并分别计算 A、B 完工产品的总成本和单位成本。

习　题　四

1. 目的：练习所得税费用的计算和所有者权益的确定。

2. 资料：宏达股份公司所属 B 公司 2007 年年初所有者权益总额为 2 640 000 元。本年接受投资 300 000 元。1～12 月累计实现利润总额 800 000 元。1～11 月累计应交所得税 165 000 元，所得税率 25％。年末按 10％提取盈余公积金，董事会决定分配给投资人利润 140 000 元。

3. 要求：计算公司 12 月应交所得税、本年净利润、年末未分配利润和年末所有者权益总额。

习　题　五

1. 目的：练习有关资金筹集业务的核算。

2. 资料：宏达股份公司 2007 年 4 月份发生下列经济业务：

（1）接受大力公司投资 50 000 元存入银行。

（2）收到电子公司投资，其中设备估价 70 000 元交付使用，材料价值15 000 元验收入库。

（3）自银行取得期限为六个月的借款 200 000 元存入银行。

（4）上述借款年利率 6％，计算提取本月的借款利息。

（5）收到某外商捐赠的录像设备一台价值 24 000 元，交付使用。

（6）经有关部门批准将资本公积金 30 000 元转增资本。

（7）用银行存款 40 000 元偿还到期的银行临时借款。

3. 要求：根据上述资料编制会计分录。

习　题　六

1. 目的：练习固定资产购置业务的核算。

2. 资料：宏达股份公司所属的某企业本月发生下列固定资产购置业务：

（1）企业购入生产用不需要安装的设备一台，买价 75 000 元，运杂费 1 250 元，保险费 250 元，全部款项已用银行存款支付。

（2）企业购入生产用需要安装的乙设备一台，买价 125 000 元，运杂费2 000 元。款项已用银行存款支付。

（3）企业进行上述需要安装设备的安装，耗用材料 1 250 元，用银行存款支付安装公司安装费 1 750 元。

（4）上述设备安装完毕，经验收合格交付使用。结转工程成本。

（5）企业用从建设银行借入的长期借款自行组织力量进行产品仓库的建造。耗用材料费计 175 000 元，分配安装人员工资为 45 000 元。

（6）企业接建设银行通知，借入长期借款的利息为 60 000 元，用长期借款支付。

（7）机修车间厂房建造完毕，经验收合格交付使用，结转建造成本。

3. 要求：根据上面所给的经济业务编制会计分录。（假设工程耗用的原材料不考虑增值税）

习　题　七

1. 目的：练习材料按实际成本计价的采购业务的核算。

2. 资料：宏达股份公司 5 月发生下列材料采购业务：

（1）公司购入甲材料 3 500 千克，单价 8 元，增值税进项税额 4 760 元，款项未付。

（2）用银行存款 1 750 元支付上述甲材料运杂费。

（3）购入乙材料 120 吨，单价 420 元，进项税额 8 568 元，款项均通过银行付清。

（4）公司购进甲材料 1 800 千克，含税单价 9.36 元，丙材料 1 500 千克，含税单价 5.85 元，税率 17%，款项均已通过银行付清，另外供应单位代垫运费 3 300元（按重量分配）。

（5）用银行存款 10 000 元预付订购材料款。

（6）以前已预付款的丁材料本月到货，价款 72 000 元，增值税进项税额为 12 240 元。

（7）本月购入的甲、乙、丙、丁材料均已验收入库，结转其成本。

3. 要求：编制本月业务的会计分录。

习　题　八

1. 目的：练习材料按计划成本计价材料收发业务的核算

2. 资料：宏达股份公司 2007 年 6 月份发生下列经济业务：

（1）购入甲材料，专用发票上注明的价款 200 000 元，增值税额 34 000 元，款项已付，材料验收入库，其计划成本 192 000 元。

（2）公司上个月预付货款的甲材料的有关账单到达企业，专用发票注明的价款 140 000 元，增值税额 23 800 元，供货单位通过银行退回余款 5 000 元，月末材料尚未到达企业。

（3）公司月末购入的甲材料到货已验收入库，估计其计划成本 100 000 元，凭证账单未到，货款未付。

（4）公司购入甲材料，发票注明的价款 40 000 元，增值税额 6 800 元，该批材料的计划成本 42 000 元。货款未付，材料入库。

（5）公司发出材料，基本生产车间生产产品领用 68 000 元，车间一般性消耗 10 000 元，公司管理部门领用 8 000 元，本月材料成本差异率为 2%。

3. 要求：根据上述经济业务进行相关的账务处理。

习 题 九

1. 目的：练习产品生产业务的核算。

2. 资料：宏达股份公司 2007 年 6 月份发生下列产品生产业务：

(1) 开出现金支票 58 000 元提取现金直接发放工资。

(2) 用银行存款 3 000 元支付车间房租。

(3) 仓库发出材料，用途如下：

产品耗用　　　12 000 元

车间一般耗用　　4 200 元

厂部一般耗用　　1 500 元

(4) 开出现金支票 750 元购买厂部办公用品。

(5) 计提应由本月负担的社会保险费 400 元。

(6) 用支票支付应由本月负担的车间设备修理费 600 元。

(7) 计提本月固定资产折旧，其中车间折旧额 1 100 元，厂部 500 元。

(8) 月末分配工资费用，其中：

生产工人工资　　　34 000 元

车间管理人员工资　16 000 元

厂部管理人员工资　 8 000 元

(9) 按各自工资额的 14％提取福利费。

(10) 将本月发生的制造费用转入“生产成本”账户。

(11) 本月生产的产品 40 台全部完工，验收入库，结转成本（假设没有期初期末在产品）。

3. 要求：编制本月业务的会计分录。

习 题 十

1. 目的：完工产品生产成本计算。

2. 资料：某企业本月发生如下与产品生产成本有关的经济业务：

(1) 发出材料：生产甲产品 100 件，领用 A 材料 1 500 千克，计划成本为 2 750元，分配超支差 250 元；生产乙产品 40 件，领用 B 材料 4 000 千克，计划成本 6 000 元，分配节约差 400 元；车间一般耗用 A 材料 200 千克，实际成本 360 元，分配超支差 40 元。

(2) 结算本月应付职工工资 14 000 元。其中：生产 A 产品工人工资 5 000 元；生产 B 产品工人工资 6 000 元；车间管理人员工资 3 000 元。

(3) 企业按职工工资总额的 14％计提职工福利费。

(4) 企业用现金支付本月车间管理部门用设备租金 600 元。

(5) 企业用支票支付车间管理部门用固定资产修理费 800 元。

(6) 企业按规定的办法计提车间管理部门用固定资产折旧 2 100 元。

(7) 企业用银行存款支付车间管理部门办公费、水电费 1 480 元。

(8) 月末，企业按生产甲、乙两种产品工人工资比例分配制造费用。制造费用分配表格式见表 7-2。

表 7-2　制造费用分配表

20××年 × 月

会计科目		生产工人工资	分配率	分配金额
生产成本	甲产品			
	乙产品			
合　计				

会计主管：　　　　复核：　　　　制表：

提示：以上经济业务的会计分录编制完毕应先行登记有关账户，以便于下一步进行成本计算。

(9) 月末，企业甲、乙两种产品全部完工，并已验收合格入库。

提示：应先编制"完工产品制造成本计算表"，以便确定入库产品成本。

3. 要求：根据上面经济业务编制会计分录；编制"完工产品制造成本计算表"；根据"完工产品制造成本计算表"计算结果编制完工产品入库会计分录。

习 题 十 一

1. 目的：练习产品销售业务的核算。

2. 资料：宏达股份公司 2007 年 7 月份发生下列销售业务：

(1) 销售产品 18 台，单价 2 000 元，税率 17%，价税款暂未收到。

(2) 销售产品总价款 126 000 元，增值税销项税额为 21 420 元，款项收到存入银行。

(3) 用银行存款 1 500 元支付销售产品的广告费。

(4) 预收某公司订货款 20 000 元存入银行。

(5) 企业销售产品价款 478 000 元，增值税进项税额为 81 260 元，款项收到一张已承兑的商业汇票。

(6) 结转本月已销产品成本 350 000 元。

(7) 经计算本月销售产品的城建税 1 600 元。

3. 要求：编制本月业务的会计分录。

习 题 十 二

1. 目的：练习有关利润形成业务的核算。

2. 资料：宏达股份公司 2007 年 12 月份发生下列有关利润形成与分配的业务：

（1）用现金 4 500 元支付职工退休金（未统筹）。

（2）将无法偿还的应付款 18 000 元予以转账。

（3）用银行存款 6 000 元支付罚款支出。

（4）报销职工差旅费 200 元，付给现金。

（5）预提应由本月负担的银行短期借款利息 450 元。

（6）收到罚款收入 20 000 元存入银行。

（7）结转本月实现的各项收入，其中产品销售收入 148 000 元，营业外收入 32 000 元。

（8）结转本月发生的各项费用，其中：产品销售成本 40 000 元，产品销售费用 1 500 元，产品销售税金 2 000 元，管理费用 33 600 元，财务费用 450 元，营业外支出 22 450 元。

（9）根据（7）、（8）项业务确定的利润总额按 25％的税率计算所得税费用并予以结转。

（10）按税后利润 10％提取盈余公积金。

（11）将剩余利润的 40％分配给投资人。

（12）年末结转本年净利润 53 600 元。

3. 要求：编制上述业务的会计分录。

第 8 章　账户的分类

【学习目标】

通过本章的学习，熟悉账户按其经济内容所做的分类，理解和掌握账户按其用途和结构所做的分类，掌握各类账户的主要特点及结构，能够正确运用账户登记经济业务，善于利用账户所提供的数据资料。

【学习重点】

8.1　账户按经济内容的分类

按经济内容分类是账户分类的基础。账户的经济内容是指账户所反映的会计对象的具体内容，即资产、负债、所有者权益、收入、费用和利润。按经济内容账户可以分为资产类账户、负债类账户、所有者权益类账户、成本类账户和损益类账户五大类。

8.1.1　资产类账户

资产类账户是根据资产类会计科目设置的，用以记录会计主体各项资产的增减变动及其结存情况的账户。按照资产的流动性，资产类账户又可以分为流动资产账户和非流动资产账户。

8.1.2　负债类账户

负债类账户是根据负债类会计科目设置的，用以记录会计主体各项负债的增减变动及其结存情况的账户。按照负债的流动性，又可以分为流动负债账户和长期负债账户。

8.1.3　所有者权益类账户

所有者权益类账户是反映企业所有者权益的增减变动及其实际拥有情况的账户。按照所有者权益的来源可以分为以下两类：反映所有者原始投资的账户和反应所有者投资收益的账户。

8.1.4　成本类账户

成本类账户是用于核算各项成本的发生和结转的账户。对于制造业来说，反应成本的账户按照成本所处经营过程的阶段可以分为以下两类：反映供应成本的账户和反映生产成本的账户。

8.1.5 损益类账户

损益类账户是根据损益类会计科目设置的，用以反映企业在生产经营活动或其他收入、利得，发生的费用、损失，以便配比计算利润，提供关于企业经营成果的会计信息的账户。损益类账户可以进一步分为以下四类：收入类账户、费用类账户、利得类账户、损失类账户。

8.2 账户按用途和结构的分类

账户的用途，是指通过账户记录能够提供什么核算指标，也就是设置和运用账户的目的。所谓账户的结构，是指在账户中如何记录经济业务，来取得各种必要的核算指标，具体包括：账户借方和贷方核算的内容、期末余额的方向以及余额所表示的内容。

企业的常用账户，按其用途和结构，可以分为盘存账户、结算账户、资本账户、调整账户、集合分配账户、成本计算账户、集合配比账户、财务成果计算账户等八类。

8.2.1 盘存账户

1. 概念

盘存账户是用来核算和监督各种财产和货币资金的增减变动及其实有数额的账户。

2. 内容

“库存现金”、“银行存款”、“其他货币资金”、“原材料”、“库存商品”等。

3. 结构

盘存账户

借方	贷方
期初余额：期初实物资产或货币资金结存数	
本期发生额：本期实物资产或货币资金增加数	本期发生额：本期实物资产或货币资金减少数
期末余额：期末实物资产或货币资金结存数	

4. 特点

(1) 所有账户都可以通过定期或不定期的实物盘点和核对账目来检查账户记录是否正确，账实是否相符。

(2) 在各项财产物资和货币资金有结存的情况下，反映各该财产物资和货币资金账户的期末就应该有借方余额。

(3) 该类账户中反映财产物资的账户在进行明细分类核算时，除了采用货币计量外，还需兼用实物计量。

8.2.2 资本账户

1. 概念

资本账户是用来核算和监督企业从外部各种渠道取得的投资以及内部形成的积累的增减变化及其实有数额的账户。

2. 内容

“实收资本”、“资本公积”、“盈余公积”、“利润分配”等。

3. 结构

资本账户

借方	贷方
	期初余额：期初投资和积累结存数
本期发生额：本期投资和积累减少数	本期发生额：本期投资和积累增加数
	期末余额：期末投资和积累结存数

4. 特点

(1) 由于该账户反映企业从外部取得的投资或内部形成的积累，因此，在生产经营期间，反映外部投资的账户一定有贷方余额，反映企业内部形成的资本积累的账户有时可能出现贷方无余额的情况。

(2) 由于资本账户反映企业投资人对企业净资产的所有权，因此，该类账户无论是总分类核算还是明细分类核算，都只需用货币计量，以总括说明资本规模及其增减变化。

8.2.3 结算账户

结算账户是用来核算企业同其他单位和个人之间的债权（应收）、债务（应付）结算关系情况的账户。按照结算性质的不同，结算账户又可分为债权结算账户、债务结算账户和债权债务结算账户三类。

1. 债权结算账户

1）概念

也叫资产结算账户，它是用来核算和监督企业与各个债务单位和个人在经济往来中发生的各种应收款项的账户。

2）内容

“应收账款”、“应收票据”、“预付账款”、“其他应收款”、“应收股利”、“应收利息”等。

3）结构

债权结算账户

借方	贷方
期初余额：期初债权结余数 本期发生额：本期债权增加数	本期发生额：本期债权减少数
期末余额：期末债权结余数	

4）特点

(1) 为了保证核算资料的正确性，债权人需要定期通过与有关债务单位或个人核对账目来保证账账相符。

(2) 由于债权账户综合反映了会计主体对债务的权利，因而，对债权账户，无论是总分类核算还是明细分类核算，都只需提供货币信息。

(3) 债权账户的期末余额一般在借方，表示债权的实有额，但该账户也有可能出现贷方余额，这时，账户就具有了债务账户的性质。

2. 债务结算账户

1）概念

也称负债结算账户，它是用来核算和监督企业与各个债权单位或个人在经济往来中发生的各种应付款项的账户。

2）内容

“短期借款”、“应付账款”、“应付票据”、“预收账款”、“应付利息”等。

3）结构

债务结算账户

借方	贷方
本期发生额：本期债务减少数	期初余额：期初债务结余数 本期发生额：本期债务增加数
	期末余额：期末债务结余数

4）特点

（1）该账户一般需要通过定期与有关债权单位或个人核对账目，以确保负债的真实性。

（2）债务类账户综合反映会计主体对各个债权单位或个人承担的责任，因而无论总分类核算还是明细分类核算，均只需提供货币信息。

（3）债务类账户期末余额一般在贷方，表示债务的实有额。但有时也可能出现借方余额，这时，账户就具有了债权账户的性质。

3. 债权债务结算账户

1）概念

也称资产—负债结算账户，是用来核算和监督企业与其他单位或个人之间账款的往来核算业务的账户。

2）内容

“其他往来”、“待处理财产损溢”等。

3）结构

债权债务结算账户

借方	贷方
期初余额：债权大于债务的期初差额 本期发生额：债权的增加数或债务的减少数	期初余额：债务大于债权的期初差额 本期发生额：债务的增加数或债权的减少数
期末余额：债权大于债务的期末差额	期末余额：债务大于债权的期末差额

4）特点

8.2.4　集合分配账户

1. 概念

集合分配账户是用来汇集和分配生产经营过程中某一阶段所发生的有关生产费用，借以反映有关生产费用计划的执行情况及分配情况的账户。

2. 内容

“制造费用”

3. 结构

集合分配账户

借方	贷方
本期发生额：汇集经营过程中某一阶段发生的费用	本期发生额：分配结转到各受益对象上的费用
期末余额：一般无余额	

4. 特点

(1) 由于该账户归集的成本费用，一般要在期末时全部分配到各受益对象中去，因此，费用经分配结转后，本类账户无余额。

(2) 为了考核费用的发生情况，该账户一般要分项目进行明细分类核算。

(3) 集合分配账户所归集和分配的费用，是反映经营过程耗费的综合性信息，因而这类账户只需要提供货币信息。

8.2.5 成本计算账户

1. 概念

成本计算账户是主要用于归集经营过程中某一阶段所发生的应计入成本的全部费用，并据以计算确定各个成本计算对象实际成本的账户。

2. 内容

“材料采购”（发生额部分）、“在建工程”（发生额部分）、“生产成本”（发生额部分）等。

3. 结构

成本计算账户

借方	贷方
期初余额：期初尚未结束的某经营过程某一阶段的成本计算对象的实际成本	
本期发生额：某经营过程某一阶段发生的全部费用额	本期发生额：结转已结束该阶段的成本计算对象的实际成本
期末余额：期末尚未结束的经营过程某一阶段的成本计算对象的实际成本	

4. 特点

(1) 成本计算账户的期初余额，表示尚未结束经营过程某一阶段上成本计算对象的实际成本。

(2) 为了加强成本管理，成本计算账户应根据成本计算对象或费用控制的责任部门设置明细账，并按成本项目归集各项费用。

(3) 成本计算账户所属明细分类账既要借助于货币计量，总括反映全部消耗，提供综合的成本信息，又要借助于实物或劳动计量，反映物资或劳动消耗。

8.2.6　调整账户

1. 概念

调整账户是用来调整某个账户的余额，以表明被调整账户的实际价值而设置的账户。

2. 分类

调整账户按调整的方式可分为备抵调整账户、附加调整账户、备抵附加调整账户三种。

1）备抵调整账户

备抵调整账户又称抵减账户，它作为被调整对象原始数额的抵减项目，以确定被调整对象的实有数额。其调整方式是

被调整账户余额－抵减账户余额＝实有数额

备抵调整账户按被调整账户的性质和内容，又可分为资产类被抵调整账户和权益类备抵调整账户两类。

(1) 资产类备抵调整账户：资产类备抵调整账户是用来抵减某一资产账户的余额，以求得该资产的实际价值。该类账户的结构如下：

资产类备抵调整账户

借方	贷方
	期初余额：期初累计抵减数额
本期发生额：本期抵减数额减少数	本期发生额：本期抵减数额增加数
	期末余额：期末累计抵减数额

(2) 权益类备抵调整账户：权益类备抵调整账户用来抵减某一权益账户的余额，以求得该权益的实际数额。其账户结构如下：

权益类备抵调整账户

借方	贷方
期初余额：期初累计抵减数额	
本期发生额：本期抵减数额增加数	本期发生额：本期抵减数额减少数
期末余额：期末累计抵减数额	

2）附加调整账户

附加调整账户也称补充账户，用来增加被调整账户余额，以确定被调整账户的实有数额。它与被调整账户余额的结构和方向相一致。其调整方式是

被调整账户余额＋附加账户余额＝实际余额

3）备抵附加调整账户

备抵附加调整账户是有可能用来抵减也有可能用来增加被调整账户的余额，以求得被调整账户实际余额的账户。其调整方式是

被调整账户的余额＋（或－）调整账户余额＝实际余额

8.2.7 集合配比账户

1. 概念

集合配比账户是用来汇集企业生产经营过程中所取得的收入和发生的费用、支出、损失，借以在期末进行配合比较，计算确定生产经营期内的财务成果的账户。

2. 内容

“主营业务收入”、“主营业务成本”、“营业税金及附加”、“销售费用”、“管理费用”、“财务费用”等。

3. 结构

集合配比账户

借方	贷方
本期发生额：费用发生数或收入转出数	本期发生额：收入发生数或费用转出数

4. 特点

（1）借方登记本期发生的引起利润减少的各项费用发生数或引起利润增加的收入转出数，贷方登记本期发生的引起利润增加的各项收入发生数或引起利润减少的费用转出数，期末一般无余额。

（2）这类账户全部贷方发生额合计大于借方发生额合计的差额为本期实现的利润总额；反之，借方发生额合计大于贷方发生额合计的差额为本期发生的亏损总额。

8.2.8 财务成果账户

1. 概念

财务成果账户是主要用于核算和监督企业在一定时期内全部经营活动的最终财务成果的账户。

2. 内容

“本年利润”账户。

3. 结构

财务成果账户

借方		贷方	
期初余额：	年度内截至该期期初累计发生的亏损额	期初余额：	年度内截至该期期初累计实现的利润额
本期发生额：	本期转入的各项费用	本期发生额：	本期转入的各项收入
期末余额：	期末累计发生的亏损（年末结转至“利润分配”账户的借方）	期末余额：	期末累计实现的净利润（年末结转至“利润分配”账户的贷方）

4. 特点

（1）年度内各项期末都有余额，贷方余额为利润，借方余额为亏损。年度终了，由于企业应将本年收入和支出相抵后结出的本年实现的净利润或亏损总额，全部转入“利润分配”账户，因此，年初、年末本账户均无余额。

（2）无论总分类账或明细分类账，均只提供货币信息。

【学习难点】

各类账户的主要特点及结构：盘存账户，借方登记本期实物资产或货币资金增加数，贷方登记本期实物资产或货币资金减少数，余额在借方表示期末实物资产或货币资金结存数；资本账户，借方登记本期投资和积累减少数，贷方登记本期投资和积累增加数，余额在贷方表示期末投资和积累结存数；结算账户，借方登记本期债权增加数或本期债务减少数，贷方登记本期债权减少数或本期债务增加数，余额在借方表示期末债权结余数，余额在贷方表示期末债务结余数；集合分配账户，借方登记汇集经营过程中某一阶段发生的费用，贷方登记分配结转到各受益对象上的费用，期末一般无余额；成本计算账户，借方登记某经营过程某一阶段发生的全部费用额，贷方登记结转已结束该阶段的成本计算对象的实际成本，余额在借方表示期末尚未结束的经营过程某一阶段的成本计算对象的实际成本；调整账户，借方登记本期抵减数额减少（或增加）数，贷方登记本期抵减数额增加（或减少）数，余额在借（或贷）方表示期末累计抵减数额；集合配比账户，借方登记费用发生数或收入转出数，贷方登记收入发生数或费用转出数，期末一般无余额；财务成果账户，借方登记本期转入的各项费用，贷方登记本期转入的各项收入，余额在借方表示期末累计发生的亏损，余额在贷方表示期末累计实现的净利润。

【典型例题分析】

8.1　单项选择题

【例题 1】 债权债务结算账户的借方余额或贷方余额表示（　　）。

A. 债权的实际余额　　B. 债权和债务增减变动后的差额

C. 债务的实际余额　　D. 债权和债务的实际余额之和

【答案】 B

【分析】 债权债务结算账户的结构特点，借方登记债权的增加额和债务的减少额，贷方登记债务的增加额和债权的减少额，期末账户余额可能在借方，也可能在贷方，如在借方，表示尚未收回的债权净额，如在贷方，表示尚未偿付的债务净额。借方余额或贷方余额只是表示债权和债务增减变动后的差额，并不一定表示企业债权债务的实际金额。

【例题 2】 “制造费用”按用途和结构分类属于（　　）。

A. 成本计算账户　　B. 收入账户

C. 财务成果账户　　D. 集合分配账户

【答案】 D

【分析】 集合分配账户是用来归集和分配企业为生产产品和提供劳务而发生的各种费用，反映和监督有关费用计划执行情况以及费用分配情况的账户。属于这一类的账户有“制造费用”账户。

【例题 3】 不单独设置“预收账款”账户的企业，发生预收货款业务应计入的账户是（　　）。

A.“应收账款”　　B.“应付账款”

C.“其他应收款”　　D.“其他应付款”

【答案】 A

【分析】 本题考查的是结算账户的有关问题。我国企业会计制度规定，如果企业预收款项的业务不多，可以不单设“预收账款”账户，而已“应收账款”账户同时反映企业应收款项和预收款项的增减变动及其变动结果，此时“应收账款”账户是一个债权债务结算账户。

8.2　多项选择题

【例题 1】 下列属于备抵账户的有（　　）。

A. 坏账准备　B. 累计折旧　C. 本年利润　D. 材料成本差异

E. 利润分配

【答案】 ABE

【分析】调整账户是用来调整被调整账户的余额，以求得被调整账户实际余额而设置的账户。调整账户按照调整方式的不同分为备抵账户、附加账户和备抵附加账户。备抵账户是用来抵减被调整账户余额，以求得被调整账户实际余额的账户，主要有“坏账准备”、“累计折旧”、“利润分配”账户，分别是用来调整“应收账款”、“固定资产”、“本年利润”账户的。

【例题 2】 下列账户中，按经济内容分类属于损益类账户的是（　　）。

A. “本年利润”账户　　B. “利润分配”账户

C. “所得税费用”账户　　D. “管理费用”账户

E. “财务费用”账户

【答案】 CDE

【分析】 本题考查的是有关损益类账户的问题。损益类账户是指那些核算内容与损益的计算确定直接相关的账户，主要是指那些用来反映企业收入和费用的账户，主要有“主营业务收入”、“主营业务成本”、“营业税金及附加”、“销售费用”、“管理费用”、“财务费用”、“营业外收入”、“营业外支出”、“所得税费用”等账户。

【例题 3】 下列账户中，按经济内容分类，属于所有者权益类账户的是（　　）。

A. “实收资本”账户　　B. “本年利润”账户

C. “资本公积”账户　　D. “利润分配”账户

E. “盈余公积”账户

【答案】 ABCDE

【分析】 本题考查的是有关所有者权益的构成问题。所有者权益类账户是反映企业所有者权益的增减变动及其实际拥有情况的账户，包括“实收资本”账户、“本年利润”账户、“资本公积”账户、“利润分配”账户和“盈余公积”账户。

8.3　判断题

【例题 1】 债务结算账户，也叫资产账户，它是用来核算和监督企业与各个债务单位和个人在经济往来中发生的各种应收款项的账户。（　）

【答案】 ×

【分析】 债务结算账户，也称负债结算账户，它是用来核算和监督企业与各个债权单位或个人在经济往来中发生的各种应付款项的账户。债权结算账户才是资产账户。

【例题 2】 调整账户按调整的方式可分为备抵调整账户、附加调整账户、备

抵附加调整账户三种。(　　)

【答案】 √

【分析】 调整账户是用来调整某个账户的余额，以表明被调整账户的实际价值而设置的账户。按调整的方式可分为备抵调整账户、附加调整账户、备抵附加调整账户三种。

【能力训练】

8.1 单项选择题

1. 账户之间最本质的区别在于(　　)。
A. 账户的用途不同　　B. 账户的结构不同
C. 账户反映的经济内容不同　　D. 账户的分类不同

2. 下列账户中属于流动资产账户的是(　　)。
A. “无形资产”　B. “应收账款”　C. “预收账款”　D. “生产成本”

3. “累计折旧”账户按经济内容分类属于(　　)。
A. 资产类账户　　B. 负债类账户
C. 费用类账户　　D. 备抵调整类账户

4. 成本类账户的期末借方余额为企业的(　　)。
A. 资产　B. 负债　C. 所有者权益　D. 收入

5. 下列账户反映所有者原始投资的账户是(　　)。
A. “本年利润”　B. “利润分配”　C. “实收资本”　D. “盈余公积”

6. 下列账户不属于损益类账户的是(　　)。
A. “管理费用”　B. “财务费用”　C. “制造费用”　D. “销售费用”

7. 下列账户中，不是用来反映营业损益的账户是(　　)。
A. “主营业务收入”　　B. “主营业务成本”
C. “所得税费用”　　D. “营业税金及附加”

8. 结算账户期末如余额，应在账户的(　　)。
A. 借方　B. 贷方　C. 借方和贷方　D. 借方或贷方

9. 下列账户中，不属于费用类账户的是(　　)。
A. “主营业务成本”　　B. “制造费用”
C. “财务费用”　　D. “营业税金及附加”

10. 通过“累计折旧”账户对“固定资产”账户进行调整，反映固定资产的(　　)。
A. 净值　B. 增加价值　C. 减少价值　D. 原始价值

8.2　多项选择题

1. 下列账户中，反映非流动资产的账户有（　　）。

A. “长期投资”　B. “固定资产”　C. “累计折旧”　D. “在建工程”

E. “无形资产”

2. 下列账户中，反映相同的经济内容，却具有不同用途和结构的账户是（　　）。

A. “待摊费用”　B. “预提费用”　C. “本年利润”　D. “累计折旧”

E. “利润分配”

3. “材料采购”账户属于（　　）。

A. 资产类账户　　B. 成本类账户

C. 成本计算类账户　　D. 资本类账户

E. 损益类账户

4. 下列账户中，反映非流动资产的账户有（　　）。

A. “库存现金”　B. “原材料”　C. “生产成本”　D. “固定资产”

E. “应收账款”

5. 下列账户中，具有结算性质的账户有（　　）。

A. “应收账款”　B. “应付账款”　C. “应付股利”　D. “应交税费”

E. “应付职工薪酬”

6. 在借贷记账法下，期末结账后，一般没有余额的有（　　）。

A. 资产账户　B. 负债账户　C. 费用账户　D. 收入账户

E. 所有者权益账户

7. 调整账户可进一步分为（　　）。

A. 备抵账户　　B. 附加账户

C. 备抵附加账户　　D. 资产备抵账户

E. 权益备抵账户

8. “生产成本”账户按用途和结构分类，可以归类为（　　）。

A. 盘存账户　　B. 集合分配账户

C. 成本计算账户　　D. 费用账户

E. 计价对比账户

9. 下列账户中，属于资产备抵调整账户的有（　　）。

A. “坏账准备”　B. “待摊费用”　C. “累计折旧”　D. “利润分配”

E. “材料采购”

10. 下列账户中，属于双重性质的账户是（　　）。

A. “材料采购”　　B. “待摊费用”

C. “应付职工薪酬” D. “应交税费”
E. “预提费用”

8.3 判断题

1. 按经济内容分类是账户分类的基础。（ ）

2. 按结构和用途账户可以分为资产类账户、负债类账户、所有者权益类账户、成本类账户和损益类账户。（ ）

3. 反应非流动资产的账户有“固定资产”、“累计折旧”、“长期股权投资”、“库存商品”、“无形资产”等。（ ）

4. 负债类账户是根据负债类会计科目设置的，用以记录会计主体各项负债的增减变动及其结存情况的账户。（ ）

5. 账户按经济内容，可以分为盘存账户、结算账户、资本账户、调整账户、集合分配账户、成本计算账户、集合配比账户、财务成果计算账户。（ ）

6. 盘存账户是用来核算和监督各种财产和货币资金的增减变动及其实有数额的账户。（ ）

7. 集合配比账户是用来汇集和分配生产经营过程中某一阶段所发生的有关生产费用，借以反映有关生产费用计划的执行情况及分配情况的账户。（ ）

8. 财务成果账户是主要用于核算和监督企业在一定时期内全部经营活动的最终财务成果的账户。（ ）

8.4 名词解释

1. 资产类账户
2. 损益类账户
3. 盘存账户
4. 资本账户
5. 成本计算账户
6. 调整账户

8.5 简答题

1. 盘存账户具有什么特点？
2. 债权结算账户的特点？
3. 成本计算账户有何特点？

第9章 财产清查

【学习目标】

通过本章的学习，了解财产清查的概念、意义和种类；理解财产清查的程序，熟悉财产清查的准备工作和实物财产的盘存制度；掌握各种财产清查的方法和财产清查结果的账务处理。

【学习重点】

9.1 财产清查概述

9.1.1 财产清查的概念

财产清查就是通过对财产物资、库存现金的实地盘点和对银行存款、债权债务的询证核对，来确定各项财产物资、货币资金、债权债务的实有数，并查明实有数与账面数是否相符的一种专门方法。

9.1.2 财产清查的意义

(1) 保证会计核算资料的真实可靠；

(2) 充分挖掘财产物资的潜力，加速资金周转；

(3) 强化财产管理的内部控制制度；

(4) 完善财产管理的岗位责任制。

9.1.3 财产清查的种类

(1) 财产清查按清查范围的不同，可以分为全部清查和局部清查；

(2) 财产清查按照清查的时间不同，可以分为定期清查和不定期清查；

(3) 按照财产清查的执行单位的不同，可以分为内部清查和外部清查。

9.1.4 财产清查的程序

(1) 成立清查领导小组；

(2) 做好准备工作；

(3) 实施财产清查；

（4）对结果分析处理。

9.2 财产清查的准备和盘存制度

9.2.1 财产清查前的准备工作

（1）组织上的准备；

（2）业务上的准备。

9.2.2 实物财产的盘存制度

（1）永续盘存制：亦称“账面盘存制”，是指企业平时对各项存货的实收和发出数，都要根据会计凭证逐笔登记存货的收入数（增加）和发出数（减少），并随时结出各种存货的账面余额的一种方法。期末存货成本和销售成本的计算：

账面期末余额＝账面期初余额＋本期增加额－本期减少额

（2）实地盘存制：亦称“以存计耗制”或“盘存计耗制”，是指在期末通过盘点实物，来确定存货的数量，并据以计算出期末存货成本和本期发出存货成本的一种存货盘存制度。

实地盘存制的一般程序：①确定期末存货数量。②计算期末存货成本。③计算本期可供发出存货成本。④计算本期发出存货成本。其计算公式为：

本期发出存货成本＝期初结存存货成本＋本期收入存货成本－期末结存存货成本

期末结存存货成本＝期末存货实地盘存数×存货单位成本

实际存货结存数量＝实地盘点数量＋已提未销数量—已销未提数量＋在途数量

9.3 财产清查的内容与方法

9.3.1 货币资金的清查

（1）库存现金的清查：清查的基本方法是实地盘点法，即对库存现金进行实地盘点，将所得到的实际盘存数与“库存现金日记账”和“库存现金”总账中的账面余额进行比较，来核对实际现金数额和账面余额是否相符。并根据盘点的结果填制“库存现金盘点报告表”。

（2）银行存款的清查：主要就是通过企业的“银行存款日记账”与开户银行的“对账单”的核对来实现的。如果二者相符，一般说明无错误；如果二者不相符，可能是企业或银行某一方记账过程有错误或着存在未达账项。

具体来讲，未达账项有以下四种情况：

① 企业已收款记账，银行未收款未记账的款项，如企业收到其他单位的购

货支票等。

② 企业已付款记账，银行未付款未记账的款项，如企业开出付款支票，但持票人尚未到银行办理转账手续等。

③ 银行已收款记账，企业未收款未记账的款项，如托收货款收账等。

④ 银行已付款记账，企业未付款未记账的款项，如银行代企业支付公用事业费等。

如果存在未达账项，就应编制“银行存款余额调节表”对有关的账项进行调整。

“银行存款余额调节表”的一般编制方法是：在企业“银行存款日记账”余额和银行“对账单”余额的基础上，分别加减未达账项，确定双方各自调节后的余额。其计算公式如下：

企业的银行存款日记账余额＋银行已收企业未收的款项－银行已付企业未付的款项＝银行对账单的余额＋企业已收银行未收的款项－企业已付银行未付的款项

9.3.2　实物财产的清查

1. 实物财产的清查方法

（1）实地盘点法：是指在实物财产堆方现场逐一清点数量或用计量仪器确定实物财产实有数额的一种方法。

（2）技术推算法：是指利用技术方法对财产的实存数进行推算的一种方法。

（3）抽样盘存法：是指对于数量较多、重量均匀的实物财产，可以采用抽取其中的一部分进行清查，然后再根据一定的方法确定实物财产的实有数额。

（4）函证核对法：是指对于委托外单位加工或保管的实物财产，可以采用向对方单位发函调查来确定实有数额，然后再与本单位的账存数相核对的方法。

2. 存货的清查

对各项实物财产的盘点结果，应如实准确地登记在“盘存单”上。盘点完毕，将“盘存单”中所记录的实存数与账面结存数相核对，如发现实物盘点结果与账面结存结果不相符时，应根据“盘存单”和有关账簿记录，填制“实存账存对比表”，以确定实物财产的盘盈数或盘亏数。

9.3.3　固定资产的清查

（1）固定资产的实存数量；

（2）固定资产的使用、折旧情况。

9.3.4 债权债务的清查

债权债务的清查一般采用“函证核对法”，即通过电函、信函或面询等方式与业务往来企业核对账目的方法。

9.4 财产清查结果的处理

9.4.1 财产清查结果处理的基本步骤

(1) 核准数字（包括金额和数量），查明原因；
(2) 调整账簿记录，做到账实相符；
(3) 报请批准，进行批准后的账务处理。

9.4.2 财产清查结果的账户设置

应设置“待处理财产损溢”账户。该账户属于双重性质的账户，是用来核算企业在财产清查过程中所发现的各项财产物资的盈亏、毁损数额以及经批准后转销数的账户。“待处理财产损溢”账户设置“待处理固定资产损溢”和“待处理流动资产损溢”两个明细分类账户进行明细分类核算。

9.4.3 财产清查结果的账务处理

1. 库存现金清查结果的账务处理

现金长、短款在批准前的处理是：以实际存在的库存现金为准，当现金长款时，借记“库存现金”账户，贷记“待处理财产损溢——待处理流动资产损溢”账户，等待批准处理；当现金短款时，借记“待处理财产损溢——待处理流动资产损溢”账户，贷记“库存现金”账户，等待批准处理。

现金长、短款在批准后应视不同的原因造成的现金长、短款而采取不同的方法进行处理。一般来说，对于无法查明原因的现金长款，其批准后的处理是增加营业外收入，对于应付其他单位或个人的长款，应记入“其他应付款——××单位或个人”账户。对于现金短款，如果是应由责任人赔偿或由保险公司赔偿的，应记入“其他应收款——××赔偿人”或“其他应收款——应收保险赔款”账户；如果是由于经营管理不善造成、非常损失或无法查明原因的，应增加企业的管理费用。

2. 实物财产清查结果的账务处理

1) 存货清查结果的账务处理

存货属于流动财产，企业在财产清查过程中发现的流动资产盘盈、盘亏，报经批准以前应先通过“待处理财产损溢”账户核算。对于盘盈的流动资产，一方面增加有关的流动资产账户，另一方面记入“待处理财产损溢”账户的贷方；对于盘亏的流动资产，一方面记入“待处理财产损溢”账户的借方，另一方面冲减有关的流动资产账户。

报经有关部门批准之后，再根据不同的情况进行相应的处理。批准后一般的处理方法是：属于管理不善、收发计量不准确、自然损耗而产生的定额内的损耗，转作管理费用；属于超定额的短缺毁损所造成的损失，应由过失人负责赔偿；属于非常损失造成的短缺毁损，在扣除保险公司的赔偿和残料价值后的净损失，列作营业外支出。对于盘盈的流动资产（一般由于收发计量不准或自然生溢等原因造成），经批准后冲减管理费用。

2）固定资产清查结果的账务处理

固定资产盘盈：盘盈固定资产作为前期差错进行处理。在进行处理时，先记入“以前年度损益调整”账户，按照固定资产的市场价值，减去固定资产的折旧部分，以折余价值作为固定资产入账价值。借记“固定资产”账户，贷记“以前年度损益调整”账户。

等到批复意见下来以后，再转出。期末，“以前年度损益调整”要转到“利润分配——未分配利润”账户，如果原来的固定资产少记，还要确定应交的所得税，作为会计差错来处理，这时还要调整所得税和盈余公积。

固定资产盘亏：对于盘亏的固定资产，在批准前应按其账面净值借记“待处理财产损溢”账户，按其账面已提折旧借记“累计折旧”账户，按其账面原始价值贷记“固定资产”账户。按规定程序经批准后，再将其净值借记“营业外支出”账户，贷记“待处理财产损溢”账户。

3. 债权债务清查结果的账务处理

1）应收账款清查结果的账务处理

无法收回的应收账款称为坏账，由于发生坏账而给企业造成的损失称为坏账损失。对于坏账损失采用备抵法核算，待实际发生坏账时，冲销已经提取的坏账准备金，即借记“坏账准备”账户，贷记“应收账款”账户。

2）应付账款清查结果的处理

无法支付的款项在批准前不做账务处理，即不需通过“待处理财产损溢”账户进行核算，按规定的程序批准后，可将应付款项直接转入“营业外收入”账户。

【学习难点】

（1）实物财产的盘存制度；

（2）财产清查的内容与方法；

（3）财产清查结果的账务处理。

【典型例题分析】

9.1 单项选择题

【例题1】 企业按规定进行库存现金的清查，对于清查的结果应当编制（ ）。

A. 库存现金盘点报告表　　B. 实存账存对比表

C. 财产盘亏报告单　　D. 盘存单

【答案】 A

【分析】 企业应当按规定进行库存现金的清查，盘点后应根据清查的结果与现金日记账核对的情况，编制“库存现金盘点报告表”。

【例题2】 银行存款清查的方法是（ ）。

A. 实地盘点　　B. 与开户行核对账目

C. 函证核对　　D. 技术推算盘点

【答案】 B

【分析】 银行存款清查主要就是通过企业的“银行存款日记账”与开户银行“对账单”的核对来实现的。

【例题3】 固定资产的盘盈是先通过（ ）账户核算的。

A. “待处理财产损益”　　B. “固定资产清理”

C. “营业外收入”　　D. “以前年度损益调整”

【答案】 D

【分析】 企业在固定资产清查过程中，如果发现固定资产盘盈，要按照管理权限报经批准之前，应先通过“以前年度损益调整”账户核算。

【例题4】 在企业与银行双方记账无误的情况下，银行存款日记账与银行对账单余额不一致是由于有（ ）存在。

A. 应收账款　B. 应付账款　C. 未达账项　D. 其他货币资金

【答案】 C

【分析】 银行存款日记账与开户行转来的对账单不一致的原因有两个方面：一是双方或一方记账有错误；二是存在未达账项。

【例题5】 以下几种情况下宜采用局部清查的有（ ）。

A. 年终决算编制会计报表前　　B. 企业更换财产保管人员时

C. 企业改制等需要进行资产评估时　D. 企业更换主要负责人时

【答案】 B

【分析】 企业在年终决算编制会计报表前、企业改制等需要进行资产评估时和企业更换主要负责人时都应进行全部清查。

9.2 多项选择题

【例题1】 财产清查按清查范围的不同，可以分为和（　　）。

A. 局部清查　B. 内部清查　C. 全部清查　D. 外部清查

【答案】 AC

【分析】 按照财产清查的执行单位的不同，可以分为内部清查和外部清查。

【例题2】 企业下列（　　）会影响管理费用。

A. 库存现金盘亏　B. 由于管理不善造成存货的盘亏

C. 库存现金盘盈　D. 固定资产盘亏的净损失

【答案】 AB

【分析】 企业库存现金盘点发生的库存现金盘亏应计入管理费用，库存现金盘点的净收益应计入营业外收入；对于存货的盘亏因管理不善导致的应计入管理费用；对于固定资产盘亏的净损失应计入营业外支出。

【例题3】 下列各项中，应通过“待处理财产损益”账户核算的有（　　）。

A. 银行存款的盘亏　B. 存货的盘亏

C. 固定资产的盘亏　D. 无法收回的应收账款

【答案】 ABC

【分析】 企业在财产清查过程中，如果发现银行存款、存货、固定资产盘亏，报经批准之前，应先通过“待处理财产损益”账户核算；无法收回的应收账款采用直接转销法和备抵法进行核算。

【例题4】 “待处理财产损益”账户借方核算的内容有（　　）。

A. 清查时发现的盘亏数　B. 清查时发现的盘盈数

C. 经批准后盘亏的转销数　D. 经批准后盘盈的转销数

【答案】 AD

【分析】 “待处理财产损溢”账户属于双重性质的账户，借方登记清查时所发现的各项财产的盘亏或毁损数额和各项盘盈财产报经批准后的转销数；贷方登记清查时所发现的各项财产的盘盈数和各项盘亏或毁损财产报经批准后的转销数。

【例题5】 下列清查宜采用“函证核对法”的有（　　）。

A. 银行存款　B. 应收账款　C. 应付账款　D. 存货

【答案】 BC

【分析】 债权债务的清查一般采用“函证核对法”进行核对，主要包括应收、应付的款项。

9.3 判断题

【例题 1】 企业应当根据银行存款余额调节表编制记账凭证，调整“银行存款”账户的余额。（　　）

【答案】 ×

【分析】 对于未达账项，企业不能根据银行存款余额调节表调整有关账簿，而是等结算单据到达后，才能编制凭证，登记账簿。

【例题 2】 企业在固定资产清查过程中，无论发现固定资产是盘盈还是盘亏，都应通过“待处理财产损溢”账户进行核算。（　　）

【答案】 ×

【分析】 固定资产的盘亏是通过“待处理财产损益”账户，而固定资产的盘盈，要按照管理权限报经批准之前，应先通过“以前年度损益调整”账户核算。

【例题 3】 在财产清查过程中，发现的确实无法支付的应付账款，应通过“待处理财产损溢”账户核算。（　　）

【答案】 ×

【分析】 在财产清查过程中，发现的确实无法支付的应付账款，不通过“待处理财产损溢”账户核算，而是在原来账面记录的基础上，按规定程序报经批准后，可将应付款项直接转入“营业外收入”账户。

【例题 4】 如果现金的短缺无法查明原因，则应将该损失计入“管理费用”。（　　）

【答案】 √

【分析】 如果现金的短缺无法查明原因，则应将该损失计入“管理费用”。

【例题 5】 在财产清查过程中，发现的确实无法收回的应收账款，通过“待处理财产损溢”账户核算。（　　）

【答案】 ×

【分析】 在财产清查过程中，发现的确实无法收回的应收账款，不通过“待处理财产损溢”账户核算，而是在原来账面记录的基础上，按规定程序报经批准后直接处理。无法收回的应收账款称为坏账，由于发生坏账而给企业造成的损失称为坏账损失。对于坏账损失的核算，有直接转销法和备抵法两种核算方法。

【能力训练】

9.1 单项选择题

1. 企业年终决算前，需要（　　）。

A. 对所有财产进行实物盘点　　B. 对重要财产进行局部清查

C. 对所有财产进行全面清查　D. 对流动性较大的财产进行重点清查

2. 对于自然灾害造成的存货盘亏，按其净损失经批准后应借记的会计科目是（　）。

A. 管理费用　B. 营业外支出

C. 待处理财产损溢　D. 营业费用

3. 现金清查的方法是（　）。

A. 技术测算法　B. 实地盘点法

C. 外调核对法　D. 与银行对账单相核对

4. 银行存款的清查是将银行存款日记账记录与（　）核对。

A. 银行存款收款、付款凭证　B. 总分类账银行存款科目

C. 银行对账单　D. 开户银行的会计记录

5. 对于长期挂账的应付账款，在批准转销时应记入（　）科目。

A. 营业外支出　B. 营业外收入　C. 资本公积　D. 待处理财产损溢

6. 对于原材料、库存商品盘点后应编制（　）。

A. 实存账存对比表　B. 盘存单

C. 余额调节表　D. 对账单

7. 在财产清查中发现的存货盘亏，若是属于自然损耗产生的定额内损耗，应于批准时列入（　）。

A. “其他应收款”　B. “营业外支出”

C. “管理费用”　D. “财务费用”

8. 在财产清查中发现的存货盘盈，按规定的手续批准后冲减记入（　）。

A. “营业费用”　B. “营业外收入”

C.“管理费用”　D.“财务费用”

9. 一般而言，单位撤销、合并时要进行（　）。

A. 定期清查　B. 全面清查　C. 局部清查　D. 不定期清查

10. 对于现金的清查，应将其结果及时填列（　）。

A. 盘存单　B. 实存账存对比表

C. 现金盘点报告表　D. 对账单

11. 银行存款清查的方法是（　）。

A. 日记账与总账核对　B. 日记账与收付款凭证核对

C. 日记账和对账单核对　D. 总分类账和收付款凭证核对

12. 对于大量成堆、难以清点的财产物资，应采用的清查方法是（　）。

A. 实地盘点法　B. 抽样盘点法　C. 查询核对法　D. 技术推算盘点法

13. 实存账存对比表是调整账面记录的（　）。

A. 记账凭证　B. 转账凭证　C. 原始凭证　D. 累计凭证

14. 下列项目的清查应采用询证核对法的是（　　）。

A. 原材料　B. 应付账款　C. 固定资产　D. 银行存款

15. 对财产物资的收发都有严密的手续且在账簿中有连续的记载以便确定结存数的制度是（　　）。

A. 实地盘存制　B. 权责发生制　C. 永续盘存制　D. 收付实现制

9.2 多项选择题

1. 采用实地盘点法进行清查的项目有（　　）。

A. 固定资产　B. 库存商品　C. 银行存款　D. 库存现金

2. 通过财产清查要求做到（　　）。

A. 账物相符　B. 账款相符　C. 账账相符　D. 账证相符

3. 企业银行存款日记账账面余额大于银行对账单余额的原因有（　　）。

A. 企业账簿记录有差错　B. 银行账簿记录有差错

C. 企业已作收入入账，银行未达　D. 银行已作支出入账，企业未达

4. 财产清查中遇到有账实不符时，用以调整账簿记录的原始凭证有（　　）。

A. 实存账存对比表　B. 现金盘点报告表

C. 银行对账单　D. 银行存款余额调节表

5. 对于盘亏的财产物资，经批准后进行会计处理，可能涉及到的借方账户有（　　）。

A. 管理费用　B. 营业外支出

C. 待处理财产损益　D. 其他应收款

6. 财产物资的盘存制度有（　　）。

A. 收付实现制　B. 权责发生制　C. 永续盘存制　D. 实地盘存制

7. 财产清查按照清查的执行单位不同，可分为（　　）。

A. 内部清查　B. 外部清查　C. 定期清查　D. 不定期清查

8. 在下列哪些情况下可以进行不定期清查（　　）。

A. 更换财产和现金保管人员时

B. 发生自然灾害和意外损失时

C. 会计主体发生改变或隶属关系变动时

D. 财税部门对本单位进行会计检查时

9. 下列表格中，可用作原始凭证调整账簿记录的有（　　）。

A. 实存账存对比表　B. 未达账项登记表

C. 现金盘点报告表　D. 银行存款余额调节表

10. “银行存款余额调节表”是（　　）。

A. 原始凭证　B. 盘存表的表现形式

C. 只起到对账作用　D. 银行存款清查的手段

11. 常用的实物财产清查方法包括（　）。

A. 实地盘点法　B. 技术推算法　C. 函证核对法　D. 抽样盘点法

12. 核对账目法适用于（　）。

A. 固定资产的清查　B. 现金的清查

C. 银行存款的清查　D. 预付账款的清查

13. 全面清查的对象包括（　）。

A. 货币资金　B. 各种实物资产　C. 往来款项　D. 在途物资

14. 财产清查结果的处理步骤是（　）。

A. 核准数字，查明原因　B. 调整凭证，做到账实相符

C. 调整账簿，做到账实相符　D. 进行批准后的账务处理

15. “实存账存对比表”是（　）。

A. 财产清查的重要报表　B. 会计账簿的重要组成部分

C. 调整账簿的原始凭证　D. 资产负债表的附表之一

9.3　判断题

1. 全面清查可以定期进行，也可以不定期进行。（　）

2. 通过银行存款余额调节表可以检查账簿记录上存在的差错。（　）

3. 对于银行存款的未达账项应编制银行存款余额调节表进行调节，同时将未达账项编成记账凭证登记入账。（　）

4. 在债权债务往来款项中，也存在未达账项。（　）

5. 存货的盘亏、毁损和报废，在报经批准后均应记入“管理费用”科目。（　）

6. 各种财产物资发生盘盈、盘亏和毁损，在报经批准以前都必须先记入“待处理财产损溢”科目。（　）

7. 局部清查一般适用于流动性较大的财产物资和货币资金的清查。（　）

8. 进行财产清查，如发现账面数小于实存数，即为盘亏。（　）

9. 会计部门要在财产清查之前将所有的经济业务登记入账并结出余额。做到账账相符、账证相符，为财产清查提供可靠的依据。（　）

10. 采用加权平均法，平时无法从账上提供发出和结存存货的单价及金额，因而不利于加强对存货的管理。所以，它只是理论上的一种方法，一般不为企业所采用。（　）

11. 对在银行存款清查时出现的未达账项，可编制银行存款余额调节表来调整，该表是调节账面余额的原始凭证。（　）

12. 存货发出的计价方法不同，不仅会影响企业资产负债表中的负债和损益

项目，同时也会影响企业资产负债表中资产项目。（　　）

13. 实地盘存制是指平时根据会计凭证在账簿中登记各种财产的增加数和减少数，在期末时再通过盘点实物，来确定各种财产的数量，并据以确定账实是否相符的一种盘存制度。（　　）

14. 未达账项是指在企业和银行之间，由于凭证的传递时间不同，而导致了记账时间不一致，即一方已接到有关结算凭证已经登记入账，而另一方尚未接到有关结算凭证而未入账的款项。（　　）

15. 为了反映和监督各单位在财产清查过程中查明的各种资产的盈亏或毁损及报经批准后的转销数额，应设置“待处理财产损溢”账户，该账户属于负债类账户。（　　）

9.4　名词解释

1. 财产清查
2. 定期清查
3. 不定期清查
4. 内部清查
5. 外部清查
6. 永续盘存制
7. 实地盘存制
8. 未达账项
9. 实地盘点法
10. 技术推算法
11. 抽样盘存法
12. 函证核对法

9.5　简答题

1. 什么是财产清查，财产清查的必要性是什么？
2. 财产清查有哪些种类？全部清查应在哪几种情况下进行？
3. 永续盘存制与实地盘存制有何异同？各自具有什么样的优缺点
4. 进行正式清查前，应做好哪些准备工作？
5. 如何进行库存现金的清查？
6. 如何进行银行存款的清查？如何编制“银行存款余额调节表”？
7. 什么是未达账项？包括哪几种情况？
8. 如何进行实物财产的清查？
9. 财产清查的核算需要设置的主要账户有哪些？如何核算？

10. 如何进行财产清查结果的处理?

9.6 业务计算题

习 题 一

1. 目的：练习编制银行存款余额调节表。

2. 资料：宏达有限公司 2007 年 6 月 30 日银行存款日记账余额为 80 000 元，银行对账单上的余额为 82 425 元，经过逐笔核对发现有下列未达账项：

(1) 企业于 6 月 30 日存入从其他单位收到的转账支票一张计 8 000 元，银行尚未入账；

(2) 企业于 6 月 30 日开出的转账支票 6 000 元，现金支票 500 元，持票人尚未到银行办理转账和取款手续，银行尚未入账；

(3) 委托银行代收的外埠货款 4 000 元，银行已经收到入账，但收款通知尚未到达企业；

(4) 银行受运输机构委托代收运费，已经从企业存款中付出 150 元，但企业尚未接到转账付款通知；

(5) 银行计算企业的存款利息 75 元，已经记入企业存款户，但企业尚未入账。

3. 要求：编制“银行存款余额调节表”。

习 题 二

1. 目的：通过本题的练习，要求学生一方面要掌握未达账项的基本概念，另一方面学会编制银行存款余额调节表。

2. 资料：宏达有限公司 2007 年 7 月 31 日的银行存款日记账账面余额为 691 600元，而银行对账单上企业存款余额为 681 600 元，经逐笔核对，发现有以下未达账项：

(1) 7 月 26 日企业开出转账支票 3 000 元，持票人尚未到银行办理转账，银行尚未登账。

(2) 7 月 28 日企业委托银行代收款项 4 000 元，银行已收款入账，但企业未接到银行的收款通知，因而未登记入账。

(3) 7 月 29 日，企业送存购货单位签发的转账支票 15 000 元，企业已登账，银行未登账。

(4) 7 月 30 日，银行代企业支付水电费 2 000 元，企业尚未接到银行的付款通知，故未登记入账。

3. 要求：根据以上有关内容，编制“银行存款余额调节表”，并分析调节后是否需要编制有关会计分录。

习　题　三

1. 目的：通过本题的练习，使学生能够掌握存货清查的会计处理。

2. 资料：宏达有限公司经财产清查，发现盘盈 A 材料 3 200 吨。经查明是由于计量上的错误所造成的，按计划成本每吨 2 元入账。

3. 要求：对宏达有限公司盘盈的 A 材料做批准前和批准后的账务处理。

习　题　四

1. 目的：通过本题的练习，使学生能够掌握存货清查的会计处理。

2. 资料：宏达有限公司经财产清查，发现盘亏 B 材料 100 吨，每吨单价 200 元。经查明，属于定额内合理的损耗有 5 吨，计 1 000 元；属于过失人由责任人赔偿 40 吨，计 8 000 元；属于自然灾害造成的损失为 55 吨，计 11 000 元，但由保险公司赔偿 6 000 元。

3. 要求：对宏达有限公司盘亏的 B 材料进行批准前和批准后的账务处理。

习　题　五

1. 目的：通过本题的练习，使学生能够掌握固定资产清查的会计处理。

2. 资料：宏达有限公司在财产清查中，发现盘盈机器设备一台，估计原值为 300 000 元，估计已提折旧额为 50 000 元。假定所得税税率为 25%，按净利润的 10%计提法定盈余公积。

3. 要求进行清查后的账务处理。

习　题　六

1. 目的：通过本题的练习，使学生能够掌握固定资产清查的会计处理。

2. 资料：宏达有限公司在财产清查中，发现盘亏机器设备一台，账面原值为 280 000 元，已提折旧额为 10 0000 元。

3. 要求：对宏达有限公司盘盈的机器设备进行批准前和批准后的账务处理。

习　题　七

1. 目的：通过本题的练习，使学生能够综合地掌握财产盘亏、盘盈的会计处理。

2. 资料：宏达有限公司在财产清查中，发现问题：

(1) 盘亏设备一台，账面原价 28 000 元，已提折旧 12 000 元；

(2) 甲材料账存 4 500 元，实存 4 300 元，系保管员责任；

(3) 乙材料账存 7 500 元，实存 7 850 元，系收发计量不准确造成；

（4）丙材料账存 15 200 元，实存 13 500 元，系自然灾害造成，保险公司应给予 1 000 元赔偿，暂未收到款；

（5）经检查发现应付捷达公司的货款 25 000 元，因该公司破产，确实已无法支付，经批准予以转销。

3. 要求：宏达有限公司进行相关会计处理（包括批准前和批准后会计处理）。

第 10 章　财 务 报 告

【学习目标】

通过本章的学习，了解财务报告的基本概念，理解财务报告的作用及编制要求，掌握资产负债表、利润表、现金流量表的结构和基本编制方法。

【学习重点】

10.1　财务报告概述

10.1.1　财务报告的概念

财务报告，是指企业对外提供的综合反映企业某一特定日期财务状况以及某一会计期间的经营成果、现金流量等会计信息的文件，《企业会计准则——基本准则》第四十四条规定：企业的财务会计报告由财务报表、财务报表附注和其他应当在财务会计报告中披露的相关信息和资料组成。

10.1.2　财务报告的作用

（1）财务报告为投资者、债权人分析企业的获利能力和偿债能力、做出相应决策提供信息资料；

（2）财务报告提供的经济信息为政府及相关机构对单位实施管理和监督提供各项信息资料；

（3）财务报告为企业管理者、企业职工进行日常的经营管理提供必要的信息资料；

（4）财务报告为社会公众（包括企业潜在的投资者和债权人）了解企业及投资决策提供相应的信息资料。

10.1.3　财务报表的种类

1. 按照财务报表反映的内容的不同

可以分为静态报表和动态报表。

2. 按照财务报表编报的时间不同

在我国《企业财务会计报告条例》中规定：企业财务会计报告分为年度、半年度、季度和月度财务会计报告。

3. 按照财务报表的编制主体不同

可以分为个别财务报表和合并会计报表。

4. 按照财务报表的服务对象不同

可以分为内部报表和外部报表。

10.1.4　财务报表的编制要求

（1）内容完整；
（2）数字真实；
（3）计算准确；
（4）编报及时。

10.2　资产负债表

10.2.1　资产负债表的意义

资产负债表属于静态报表，是反映企业某一特定日期财务状况的会计报表，主要提供有关企业财务状况方面的信息。

通过资产负债表，可以提供企业某一特定日期资产的总额及其结构，表明企业拥有或控制的资源及其分布情况；可以提供企业在某一特定日期的负债总额及其结构，表明企业未来需要用多少资产或劳务清偿债务以及清偿时间；可以反映企业所有者在某一特定日期所拥有的权益，据以判断资本保值、增值的情况以及对负债的保障程度。

10.2.2　资产负债表的结构和内容

目前，国际上流行的资产负债表格式主要有账户式和报告式两种。在我国，资产负债表采用账户式结构。

10.2.3　资产负债表的编制方法

（1）根据总账余额直接填列；
（2）根据总账余额计算填列；
（3）根据明细账余额计算填列；
（4）根据总账和明细余额分析计算填列；
（5）根据有关账户余额减去其备抵账户余额后的净额填列。

10.3 利 润 表

10.3.1 利润表的意义

利润表属于动态报表，是反映企业一定会计期间（月份、年度）经营成果的报表，是反映企业在该期间内实现的利润总额或发生的亏损总额。

（1）为企业外部的会计信息使用者进行经济决策提供依据；

（2）为企业内部管理层的经营决策提供依据；

（3）为企业内部业绩考核提供重要依据。

10.3.2 利润表的结构和内容

利润表是反映企业一定期间内利润的形成或亏损发生过程的动态报表，因此，利润表的结构和内容与企业利润构成的因素直接关联。利润表是由收入、费用、利润三个动态要素组成，并按照“收入－费用＝利润”这一平衡关系联系起来，形成利润表的基本结构。

10.3.3 利润表的编制方法

（1）利润表中的“本月数”与“本年累计数”；

（2）利润表中各项目的填列方法。

10.4 现金流量表

10.4.1 现金流量表的意义

现金流量表，是反映企业一定会计期间现金和现金等价物流入和流出情况的报表，属于动态报表。

现金流量表是公司的主要财务报表之一，它反映了公司的现金流入、现金流出与会计期间的现金之净变动数，反映公司的偿债能力；同时它有助于分析企业未来获取现金的能力，分析公司投资和理财活动对经营成果和财务状况的影响。

10.4.2 现金流量表的内容和格式

1. 现金流量表的内容

现金流量表的内容分为基本部分和补充资料两大部分。

基本部分的现金分为三类，即经营活动产生的现金流量、投资活动产生的现金流量和筹资活动产生的现金流量。

2. 现金流量表的格式

10.5　财务报告的报送与审核

10.5.1　财务报表的审核

（1）财务报表中所列项目是否齐全；
（2）有关项目的金额与账簿记录是否一致；
（3）报表中所列各项数字的计算是否正确；
（4）报表中的有关补充资料、附注等是否完整；
（5）报表之间有关数字是否衔接一致。

10.5.2　财务报表的报送

（1）报送对象：上级主管部门、开户银行、财政、税收和审计机关以及投资者、债权人和其他与企业有关的报表使用者。

（2）报送时间：月报应当于月度终了后6天内（节假日顺延，下同）对外提供；季报应当于季度终了后15天内对外提供；半年报应当于年度中期结束后60天内（相当于两个连续的月份）对外提供；年报应当于年度终了后4个月内对外提供。

10.5.3　财务报表的审批

（1）审核：上级主管部门或总公司以及财税部门对于基层单位报送的财务报表要进行审核，包括技术性审核和合法性审核。

（2）批复：上级主管部门及财税等部门在对财务报表审批后，要及时做出批复意见。企业在接到意见后，应认真研究，并在财务上作出相应的调整和整理。

【学习难点】

（1）财务报告的作用；
（2）资产负债表的编制；
（3）利润表的编制；
（4）财务报告的审核。

【典型例题分析】

10.1　单项选择题

【例题1】 资产负债表总括反映的是企业在（　　）。

A. 一定时期的财务状况　　B. 一定时期的现金流量

C. 一定日期的财务状况　　D. 特定日期的经营状况

【答案】 C

【分析】 资产负债表是总括反映企业某一特定日期财务状况的会计报表，主要提供有关企业财务状况方面的信息。

【例题 2】 已知某企业营业收入 100 万元，营业成本 60 万元，销售费用 5 万元，管理费用 6 万元，财务费用 2 万元，营业外收入 16 万元，营业外支出 4.8 万元，则填入利润表中的利润总额是（　　）。

A. 38.2　　B. 34.8　　C. 27　　D. 47.8

【答案】 A

【分析】 营业利润＝营业收入－营业成本－销售费用－管理费用－财务费用＋营业外收入－营业外支出＝100－60－5－6－2＋16－4.8＝38.2 万元。

10.2　多项选择题

【例题 1】 利润表是（　　）。

A. 根据有关帐户发生额编制的　　B. 动态报表

C. 静态报表　　D. 反映财务状况的报表

E. 反映财务成果的报表

【答案】 ABE

【分析】 利润表是总括反映企业在一定时期内利润或亏损实际形成情况的会计报表，即月份、季度、半年度、年度的经营成果，反映的是期间数，是会计要素的动态表现，是动态报表。利润表的各项目都是根据有关收入和费用科目记录的本期实际发生数和累计数分别填列的。

【例题 2】 资产负债表下列各项目中，不能根据总账余额直接填列的是（　　）。

A. 应收账款　　B. 固定资产　　C. 应收票据　　D. 长期待摊费用

【答案】 AB

【分析】 “应收账款”项目，反映企业因销售商品、产品和提供劳务等而应向购买单位收取的各种款项，减去已计提的坏账准备后的净额。本项目应根据“应收账款”和“预收账款”账户所属各明细账户的期末借方余额合计，减去“坏账准备”账户中有关应收账款计提的坏账准备期末余额后的金额填列；“固定资产”项目，反映企业各种固定资产的净值。融资租入的固定资产，其原价及已提折旧也包括在内。融资租入固定资产原价应在会计报表附注中另行反映。本项目根据“固定资产”账户期末余额，减去“累计折旧”和“固定资产减值准备”账户期末余额后填列。

10.3　判断题

【例题1】“利润分配”总账的年末余额不一定与相应的资产负债表中未分配利润项目的数额一致。(　　)

【答案】 ×

【分析】 未分配利润反映企业年终未分配的利润，该项数额应与“利润分配”科目的年终结账后余额核对相符。

【能力训练】

10.1　单项选择题

1. 财务报表是对会计主体财务状况，经营成果和现金流量的结构性表述，是由(　　)组成。

A. 资产负债表和利润表

B. 资产负债表，利润表和现金流量表

C. 资产负债表，利润表和现金流量表、财务报表附注及其他资料

D. 资产负债表和现金流量表

2. 在下列各项财务报表中，属于反映企业财务状况的对外报表是(　　)。

A. 资产负债表　　B. 利润表

C. 所有者权益变动表　　D. 现金流量表

3. 财务报表项目中的数字其直接来源是(　　)。

A. 原始凭证　B. 记账凭证　C. 明细账簿　D. 账簿记录

4. 资产负债表的项目，按(　　)的类别，采用左右相平衡对照的结构。

A. 资产、负债和所有者权益

B. 收入、费用和利润

C. 资产、负债、所有者权益、收入、费用、利润

D. 资金来源、资金运用

5. 下列报表中，(　　)是静态报表。

A. 现金流量表　　B. 利润表

C. 资产负债表　　D. 资产负债表和利润表

6. 资产负债表的理论依据是(　　)。

A. 资产＝负债＋所有者权益

B. 收入－费用＝利润

C. 资产＋费用＝负债＋所有者权益＋收入

D. 以上都不对

7. 资产负债表是反映企业在（　　）财务状况的会计报表。

A. 一定时点　　B. 某一个月　　C. 一定时期　　D. 一段时间

8. 资产负债表中资产的排列顺序是（　　）。

A. 项目的重要性　　B. 项目的流动性

C. 项目的收益性　　D. 项目与现金的关系

9. 利润表应根据各损益账户的（　　）填列。

A. 期初余额　　B. 本期发生额　　C. 期末余额　　D. 以上都不对

10. 反映企业一定时期经营成果的会计报表是（　　）。

A. 现金流量表　　B. 利润表

C. 资产负债表　　D. 资产负债表和利润表

11. 反映企业现金流入和流出情况的会计报表是（　　）。

A. 现金流量表　　B. 利润表

C. 资产负债表　　D. 资产负债表和利润表

12. “预收账款”项目应放在资产负债表中的（　　）类别里。

A. 流动资产类　　B. 流动负债类

C. 非流动资产类　　D. 非流动负债类

13. 某月末，甲公司“应收账款－A”账户余额为借方 50 000 元，“应收账款－B”账户余额为贷方 30 000 元，“预收账款－C”账户余额为借方 40 000 元，则该月末资产负债表中应收账款项目的金额为（　　）元。

A. 90 000　　B. －80 000　　C. 20 000　　D. －20 000

14. 某月末，甲公司“应付账款－A”账户余额为借方 60 000 元，“应收账款－B”账户余额为贷方 20 000 元，“预收账款－C”账户余额为借方 90 000 元，“预付账款－D”账户余额为贷方 40 000 元，则该月末资产负债表中应付账款项目的金额为（　　）元。

A. 90 000　　B. 150 000　　C. 20 000　　D. 40 000

15. 某月末，甲公司“本年利润”账户余额为借方 50 000 元，“利润分配”账户余额为贷方 30 000 元，则该月末资产负债表中未分配利润项目的金额为（　　）元。

A. 80 000　　B. －80 000　　C. 20 000　　D. －20 000

16. 应交税费的披露是（　　）的补充说明。

A. 资产负债表　　B. 利润表　　C. 现金流量表　　D. 财务情况说明书

17. 资产负债表中的报表项目（　　）。

A. 都是根据账户余额直接填列

B. 都是根据发生额填列

C. 根据上述 A、B 填列

D. 大多数项目可以直接根据账户余额填列，少数项目要根据有关账户余额分析计算后才能填列

18. 多步式利润表是通过多步计算当期损益，通常把利润计算分解为（　　）。

A. 营业利润，利润总额，净利润

B. 毛利，营业利润和应税利润总额

C. 营业收入，营业利润和可分配利润

D. 毛利，营业利润和利润总额。

19. 利润表是反映企业（　　）经营成果及分配情况的报表。

A. 一定时期内　B. 特定时期　C. 相邻期间内　D. 相邻时期

20. 会计报表主要是以（　　）作为主要计量单位对会计核算资料进行加工，整理和汇总的。

A. 实物　B. 货币　C. 劳动量　D. 时间

21. 下列报表中，不属于企业内部会计报表的是（　　）。

A. 主营业务收支明细表　B. 现金流量表

C. 销售日报表　D. 产品成本表

22. 现金流量表的编制基础是（　　）。

A. 现金　B. 货币资金　C. 流动资金　D. 现金流量

23. 现金流量表是反映企业（　　）现金和现金等价物流入和流出的报表。

A. 一定时期　B. 特定时日　C. 相邻期间　D. 相邻时日

10.2　多项选择题

1. 财务报告的使用者有（　　）。

A. 投资者　B. 债权人

C. 潜在的投资者和债权人　D. 上级主管部门和财税部门

E. 企业内部管理人员和广大职工群众

2. 会计报表按反映的经济内容分类，有（　　）。

A. 资产负债表　B. 利润表　C. 现金流量表　D. 附注

3. 按财务报表编报的单位分为（　　）。

A. 个别财务报表　B. 合并财务报表

C. 资金平衡表　D. 内部报表

4. 企业对外报送的财务报表包括（　　）。

A. 资产负债表　B. 利润表

C. 现金流量表　D. 所有者权益变动表

5.（　　）属于财务状况报表。

A. 资产负债表　B. 利润表　C. 利润分配表　D. 现金流量表

6. 财务报表的编制必须做到（　）。

A. 数字真实　B. 计算准确　C. 编报及时　D. 内容完整

7. 资产负债表中“应付账款”项目应根据（　）填列。

A. “应付账款”总账账户贷方余额

B. “应收账款”账户所属各明细账户贷方余额合计数

C. “应付账款”账户所属各明细账户贷方余额合计数

D. “预付账款”账户所属各明细账户贷方余额合计数

8. 以下是利润表项目的有（　）。

A. 营业务收入　B. 营业务成本

C. 其他业务收入　D. 营业务税金及附加

9. 以下是资产负债表项目的是（　）。

A. 存货　B. 交易性金融资产

C. 在建工程　D. 开发支出

10. 直接根据相应账户的期末余额填列的资产负债表项目有（　）。

A. 固定资产　B. 应付票据

C. 应付职工薪酬　D. 应交税费

11. 以下列入资产负债表流动资产类的有（　）。

A. 应收账款　B. 预收账款　C. 应付账款　D. 预付账款

12. 直接根据该账户的净发生额填列的利润表项目有（　）。

A. 营业收入　B. 营业成本

C. 营业税金及附加　D. 财务费用

13. 资产负债表中的“存货”项目应根据（　）科目的期末借方余额之和填列。

A. “原材料”　B. “生产成本”　C. “制造费用”　D. “库存商品”

14. 需将账户余额合并后填列的资产负债表项目有（　）。

A. 存货　B. 货币资金　C. 未分配利润　D. 应交税费

15. 需要扣减其相应的抵减账户余额后填列的资产负债表项目有（　）。

A. 应收账款　B. 长期股权投资

C. 无形资产　D. 固定资产

10.3　判断题

1. 会计报表是用来总括反映一定时期企业经济活动及其成果的报告文件，其各项目的数据都是根据报告期有关账户的期末余额分析计算填列的。（　）

2. 资产负债表是反映企业一定时期全部资产、负债和所有者权益情况的会计报表。（　）

3. 利润表主要是反映从某一指定日期起，至另一指定日期止企业利润的实现情况的会计报表。(　　)

4. 内部会计报表的编制时间、内容和格式都可以根据企业内部管理的实际需要而定，完全不受国家统一规定的限制。(　　)

5. 资产负债表是一种静态报表，应根据有关账户的期末余额直接填列。(　　)

6. 汇总会计报表和合并会计报表都是将所属独立核算企业的会计报表汇总、综合编制而成，所以两者编制的结果是相同的。(　　)

7. 我国现行企业会计准则和企业会计制度规定，资产负债表的格式采用单步式。(　　)

8. 我国现行企业会计准则和企业会计制度规定，利润表的格式采用报告式。(　　)

9. 未分配利润反映在利润表中。(　　)

10. 资产负债左右两栏的项目，都是根据有关总账或明细账的期末余额直接填列的。(　　)

11. 资产负债表中，资产的排列顺序是根据重要性的原则确定的。(　　)

12. 资产负债表中，“应收账款”项目的期末数，应根据“应收账款”账户的余额直接填列。(　　)

13. 资产负债表中“未分配利润”项目是根据“利润分配”科目的年末余额直接填列。(　　)

14. 企业编报的财务会计报告应当以人民币反映。(　　)

15. 企业对会计记录进行试算平衡后，就可依据账簿记录编制各种会计报表。(　　)

16. 为了保证编报的及时性，企业可以先编制会计报表后结账。(　　)

17. 资产负债表的格式有单步式和多步式。(　　)

18. 企业在编制会计报表前，一般应该进行账证、账账、账实核对，并进行期末账项调整，以保证会计信息的客观性。(　　)

19. 作为利润表编制基础的平衡公式是“收入－费用＝利润”。(　　)

20. 资产负债表中“期末余额”栏内各项目金额指的是总账账户的期末余额。(　　)

21. 利润表根据各账户的期末余额填列。(　　)

22. 现金流量表中反映的现金就是指企业的库存现金和银行存款。(　　)

10.4　名词解释

1. 财务报告

2. 资产负债表
3. 利润表
4. 静态报表

10.5 简答题

1. 什么是财务会计报告？通常包括哪些内容？
2. 编制财务会计报告的意义是什么？
3. 编制财务会计报告有哪些基本要求？
4. 什么是资产负债表？其作用是什么？
5. 什么是利润表？其作用是什么？
6. 什么是现金流量表？其作用是什么？

10.6 业务计算题

习 题 一

1. 目的：练习资产负债表编制的基本方法
2. 资料：某工业企业 2007 年 6 月有关账户期末余额如表 10-1 所示。

表 10-1 某工业企业 2007 年 6 月账户表 单位：元

账户名称	借方余额	账户名称	贷方余额
库存现金	2 000	短期借款	150 000
银行存款	200 000	应付账款	272 000
应收账款	130 000	其他应付款	2 000
其他应收款	3 000	应付职工薪酬	5 000
原材料	263 400	应交税费	3 000
生产成本	123 000	累计折旧	128 600
库存商品	145 200	实收资本	1 000 000
固定资产	630 000	资本公积	16 000
无形资产	200 000	盈余公积	120 000
合 计	1 696 600	合 计	1 696 600

3. 要求：根据以上资料填列资产负债表（表 10-2）。

表 10-2 资产负债表（简表）

编制单位：××单位 2007 年 6 月 单位：元

资 产	期末余额	负债和所有者权益	期末余额
流动资产		流动负债	
货币资金		短期借款	
应收账款		应付账款	

续表

资　产	期末余额	负债和所有者权益	期末余额
其他应收款		应付职工薪酬	
存货		应交税费	
流动资产合计		其他应付款	
非流动资产		流动负债合计	
固定资产		所有者权益	
无形资产		实收资本	
非流动资产合计		资本公积	
		盈余公积	
		所有者权益合计	
资产总计		负债给所有者权益合计	

习　题　二

1. 目的：练习利润表的基本编制方法

2. 资料：某工业企业 2007 年 7 月份有关账户发生额资料如下：

主营业务收入 3 645 800 元

主营业务成本 1 286 300 元

其他业务收入 893 600 元

其他业务成本 375 800 元

营业税金及附加 68 500 元

管理费用 153 800 元

财务费用 67 200 元

销售费用 93 200 元

营业外收入 92 000 元

营业外支出 89 360 元

所得税费用 56 032 元

3. 要求：根据以上资料填列利润表（表 10-3）。

表 10-3　利润表

编制单位：××单位　　2007 年 7 月　　单位：元

项　目	本期金额	上期金额
一、营业收入		
减：营业成本		
营业税金及附加		
销售费用		
管理费用		

续表

项　目	本期金额	上期金额
财务费用		
二、营业利润（亏损以"—"号填列）		
加：营业外收入		
减：营业外支出		
三、利润总额（亏损总额以"—"号填列）		
减：所得税费用		
四、净利润（净亏损以"—"号填列）		
五、每股收益		
（一）基本每股收益		
（二）稀释每股收益		

第11章 会计核算形式

【学习目标】

通过本章的学习，了解会计核算形式的意义与种类；理解各种会计形式的特点和适用范围；掌握记账凭证核算形式和科目汇总表核算形式；掌握科目汇总表的编制。

【学习重点】

11.1 会计核算形式的意义和种类

11.1.1 会计核算的意义

1. 会计核算形式的概念

会计核算形式也称财务处理程序，或会计核算组织程序，它是指会计循环中，会计主体采用的会计凭证、会计账簿、会计报表的种类和格式与记账程序有机结合的方法和步骤。

2. 会计核算形式的意义

(1) 有利于规范会计核算组织工作：会计核算工作是需要会计部门和会计人员之间的密切配合，有了科学合理的会计核算方式，会计机构和会计人员在进行会计核算的过程中就能够做到有序可循，按照不同的责任分工，有条不紊地处理好各个环节上的会计核算工作内容。

(2) 有利于保证会计核算工作质量：在进行会计核算的过程中，保证会计核算工作的质量是对会计工作的基本要求。建立起科学合理的会计核算形式，形成加工和整理会计信息的正常机制，是提高会计核算工作质量的重要保障，有利于提高会计核算工作质量。

(3) 有利于提高会计核算工作效率：会计核算工作效率的高低，直接关系到提供会计信息的及时性和相关性。按照既定的会计核算形式进行会计信息的处理，将会大大提高工作效率，保证会计信息整理、加工和对外报告的顺利进行。

(4) 有利于降低会计核算工作成本：组织会计核算的过程也是对人力、物力和财力的消耗过程，因此，要求会计核算本身也要讲求经济利益，根据“效益大于成本”原则设计会计核算形式。会计核算形式安排得科学合理，选用的会计凭证、会计账簿和会计报表种类适当，格式适用，数量适中，在一定程度上也能够降低会计核算工作的成本，节约会计核算方面的支出。

(5) 有利于发挥会计核算工作的作用：会计核算工作的重要作用是对企业发生的交易和事项进行记录，并保证记录的正确性、完整性和合理性，这种作用是通过会计核算和监督职能的发挥而体现出来的。在建立规范会计核算形式的基础上，保证了会计核算工作质量，提高了会计核算工作效率，就能够在经营管理等方面更好地发挥会计核算工作的作用。

11.1.2 建立会计核算形式的要求

(1) 要适应本单位的经济活动特点、规模的大小和业务的繁简情况，有利于会计核算的分工，建立岗位责任制。

(2) 要适应本单位、主管部门以至国家管理经济的需要，全面、系统、及时、正确地提供反映本单位经济活动情况的会计核算资料。

(3) 要在保证核算资料正确、及时和完整的前提条件下，尽可能地简化会计核算手续，提高会计工作效率，节约人力物力，节约核算费用。

11.1.3 会计核算形式的种类

在我国企事业单位，目前采用的会计核算形式一般有：

(1) 记账凭证核算形式；

(2) 科目汇总表核算形式；

(3) 汇总记账凭证核算形式；

(4) 日记总账核算形式；

(5) 多栏式日记账核算形式。

11.2 记账凭证核算形式

11.2.1 记账凭证核算形式的特点

记账凭证核算形式是指根据经济业务发生以后所填制的各种记账凭证直接逐笔地登记总分类账，并定期编制会计报表的一种账务处理程序。

记账凭证核算形式的特点是：直接根据各种记账凭证逐笔登记总分类账。

11.2.2 记账凭证核算形式的账务处理程序

(1) 根据各种原始凭证或汇总原始凭证，编制记账凭证（包括收款凭证、付款凭证和转账凭证)。

(2) 根据收款凭证、付款凭证逐笔登记现金日记账和银行存款日记账。

(3) 根据原始凭证、汇总原始凭证和记账凭证，逐笔登记各种明细分类账。

(4) 根据记账凭证逐笔登记总分类账。

(5) 月终，将现金日记账、银行存款日记账的余额以及各种明细分类账户余额合计数，分别与总分类账中有关科目的余额核对相符。

(6) 月终，根据核对无误的总分类账和各种明细分类账的记录，编制会计报表。

11.2.3　记账凭证核算形式的优缺点和适用范围

1) 优点

(1) 在记账凭证上能够清晰地反映账户之间的对应关系。

(2) 在总分类账上能够比较详细地反映经济业务的发生情况。

(3) 总分类账登记方法简单，易于掌握。

2) 缺点

(1) 总分类账登记工作量过大。

(2) 账页耗用多，预留账页多少难以把握。

3) 适用范围

记账凭证核算形式一般只适用于规模较小、经济业务量比较少、需要编制记账凭证不是很多的会计主体。如果业务量过小，也可以适用通用记账凭证，以避免凭证类别的多元化而造成的凭证方面的过多支出。

11.3　科目汇总表核算形式

11.3.1　科目汇总表核算形式的特点

科目汇总表核算形式是指对发生的经济业务事项，都要根据原始凭证或汇总原始凭证编制记账凭证，然后定期根据全部记账凭证编制科目汇总表，再根据科目汇总表登记总分类账的一种账务处理程序。其主要特点是定期编制科目汇总表，根据科目汇总表登记总分类账。

11.3.2　科目汇总表核算形式账务处理程序

(1) 根据原始凭证和汇总原始凭证，编制收款凭证、付款凭证和转账凭证等记账凭证。

(2) 根据收款凭证和付款凭证，逐笔登记现金日记账和银行存款日记账。

（3）根据原始凭证、汇总原始凭证和记账凭证登记各种明细账。

（4）根据一定时期内的全部记账凭证，汇总编制成科目汇总表。

（5）根据定期编制的科目汇总表，登记总分类账。

（6）月终，将现金日记账、银行存款日记账的余额以及各种明细分类账户余额合计数，分别与总分类账中有关科目的余额核对相符。

（7）月终，根据核对无误的总分类账和各种明细分类账的记录，编制会计报表。

11.3.3 科目汇总表核算形式的优缺点及适用范围

1）优点

（1）可以利用该表的汇总结果进行账户发生额的试算平衡。

（2）在试算平衡的基础上记账能保证总分类账登记的正确性。

（3）可以大大减轻登记总账的工作量。

（4）适用性比较强。

2）缺点

（1）编制科目汇总表的工作量比较大。

（2）科目汇总表不能够清晰地反映账户之间的对应关系。

3）适用范围

由于科目汇总表核算形式账务处理程序清楚，又具有能够进行账户发生额的试算平衡，减轻总分类账登记的工作量等优点，因而，不论规模大小的会计主体都可以采用。

11.4 汇总记账凭证核算方式

11.4.1 汇总记账凭证核算形式的特点

汇总记账凭证核算方式是指对反省的经济业务事项，都要根据原始凭证或汇总原始凭证编制记账凭证，然后定期根据记账凭证分类编制汇总记账凭证，再根据汇总记账凭证登记总分类账的一种账务处理程序。其特点是定期编制汇总记账凭证并据以登记总分类账。

11.4.2 汇总记账凭证核算形式的账务处理程序

（1）根据原始凭证或原始凭证汇总表填制收款凭证、付款凭证及转账凭证；

（2）根据收款凭证、付款凭证，逐日逐笔登记现金日记账及银行存款日记账；

（3）根据原始凭证和记账凭证逐笔登记各种明细分类账；

（4）根据记账凭证定期编制汇总收款凭证、汇总付款凭证和汇总转账凭证；

（5）月末，根据汇总收款凭证、汇总付款凭证、汇总转账凭证登记总分类账；

（6）月末，在账账核对的基础上，根据总账和明细账的记录编制会计报表。

11.4.3　汇总记账凭证核算形式的优缺点及适用范围

1）优点

（1）在汇总记账凭证上能够清晰地反映账户之间的对应关系。

（2）可以大大减少登记总分类账的工作量。

2）缺点

（1）定期编制汇总记账凭证的工作量比较大。

（2）对汇总过程中可能存在的错误难以发现。

3）适用范围

由于汇总记账凭证核算形式具有能够清晰地反映账户之间的对应关系和能够减轻登记总分类账的工作量等优点，它一般只适用于规模较大、经济业务量比较多、专用记账凭证也比较多的会计主体。

【学习难点】

（1）记账凭证核算形式的账务处理程序；

（2）科目汇总表核算形式的账务处理程序；

（3）汇总记账凭证核算形式的账务处理程序；

（4）科目汇总表的编制。

【典型例题分析】

11.1　单项选择题

【例题 1】　各种会计核算形式的主要区别在于（　）。

A. 原始凭证的种类和格式不同

B. 记账凭证的种类和格式不同

C. 所编会计报表的种类和格式不同

D. 登记总分类账的依据和方法不同

【答案】 D

【分析】 各种核算形式的主要区别在于账务处理程序中登记总分类账的依据和方法不同，由此导致了各自的凭证账务组织形式的不同，各自的优缺点和适用性不同。

【例题 2】 科目汇总表核算形式（　　）。

A. 便于分析经济业务　　B. 可以看清经济业务的来龙去脉

C. 能清楚反映账户的对应关系　　D. 不能反映账户的对应关系

【答案】 D

【分析】 科目汇总表是按各个会计科目归类汇总其发生额的，在该表中不能清楚地显示出各个账户之间的对应关系，不能够详细地反映经济业务的来龙去脉

11.2 多项选择题

【例题 1】 科目汇总表（　　）。

A. 按总账科目汇总编制　　B. 根据原始凭证归类编制

C. 汇总总账科目的发生额　　D. 可作为登记总账的依据

E. 起到试算平衡的作用

【答案】 ACDE

【分析】 科目汇总表是根据一定时期内的全部记账凭证，按照会计科目进行归类后编制的。在科目汇总表中，分别计算每一个总账科目的借方发生额合计数、贷方发生额合计数，因此科目汇总表可以起到试算平衡的作用；科目汇总表的特点是定期地将所有记账凭证汇总编制成科目汇总表，然后根据科目汇总表登记总分类账。

【例题 2】 汇总记账凭证核算形式的优点是（　　）。

A. 反映科目的对应关系　　B. 编制汇总转账凭证的工作量较小

C. 较少登记总账的工作量　　D. 有利于会计核算工作的分工

E. 可以了解经济业务的来龙去脉

【答案】 ACE

【分析】 汇总记账凭证核算形式的优点是总分类账根据汇总记账凭证，于月终一次登记入账，减少了登记总账的工作量，克服了在经营规模大的单位采用记账凭证核算形式的缺点；由于汇总记账凭证，是根据一定时期内全部记账凭证，按照科目对应关系进行归类、汇总编制的，便于通过有关科目之间的对应关系，了解经济业务的来龙去脉，克服了科目汇总表不能反映账户对应关系的缺点。

11.3 判断题

【例题 1】 各种会计核算形式的区别主要在于编制会计报表的依据和方法不同。（　　）

【答案】 ×

【分析】 各种会计核算形式都是根据总分类账和明细分类账来编制会计报表的，他们编制会计报表的依据和方法是相同的，不同的是各种会计核算方式登记总分类账的依据和方法不同。

【能力训练】

11.1　单项选择题

1. 各种会计处理程序的主要区别在于（　　）。
A. 记账凭证的种类不同
B. 登记总账的方法和依据不同
C. 登记现金和银行存款日记账的方法和依据不同
D. 登记各明细账的方法和依据不同

2. 科目汇总表处理程序和汇总记账凭证处理程序的相同点主要表现在（　　）。
A. 登记总账的依据相同
B. 登记总账的方法相同
C. 记账凭证的汇总方法相同
D. 记账凭证均需汇总并且记账步骤相同

3. 采用科目汇总表会计处理程序时，登记总账的依据是（　　）。
A. 明细账　　B. 记账凭证
C. 记账凭证汇总表　　D. 汇总记账凭证

4. 科目汇总表的不足之处主要表现为不能反映（　　）。
A. 每一账户的借方发生额　　B. 每一账户的贷方发生额
C. 账户之间的对应关系　　D. 入账前的试算平衡

5. 汇总转账凭证是按每一账户的（　　）设置，按（　　）归类汇总。
A. 借方　借方　B. 借方　贷方　C. 贷方　借方　D. 贷方　贷方

6. 在科目汇总表会计处理程序下，为了便于科目汇总表的编制，平时的记账凭证应复写一式两份并且最好编制（　　）的会计分录。
A. 一借一贷　B. 多借多贷　C. 一借多贷　D. 一贷多借

7. 在所有的会计处理程序中，最基础的是（　　）。
A. 科目汇总表会计处理程序　　B. 记账凭证会计处理程序
C. 汇总记账凭证会计处理程序　　D. 多栏式日记会计处理程序

8. 汇总记账凭证会计处理程序与科目汇总表会计处理程序相比，主要优点在于（　　）。
A. 能进行试算平衡　　B. 汇总手续较复杂

C. 账户对应关系清楚　　　　　　D. 汇总凭证不同

9. 按照登记总账的方法不同，会计处理程序可分为（　　）。

A. 逐笔登记会计处理程序和汇总登记会计处理程序

B. 记账凭证处理程序与科目汇总表处理程序

C. 普通日记账处理程序与科目汇总表处理程序

D. 科目汇总表处理程序和汇总凭证处理程序

10. 记账凭证会计处理程序的主要特点是（　　）。

A. 直接根据记账凭证逐笔登记总分类账

B. 以原始凭证或原始凭证汇总表为依据编制记账凭证

C. 记账凭证只能采用专用凭证

D. 现金日记账可采用三栏式或多栏式

11. 记账凭证会计处理程序适用于（　）。

A. 规模大、经济业务多的企业　　B. 规模小、经济业务少的企业

C. 任何类型的企业　　　　　　　D. 以上均不对

12. 在科目汇总表会计处理程序下，记账凭证应采用（　）。

A. 收、付、转三种制式　　　　　B. 单式记账凭证

C. 收、付、转或单式记账凭证　　D. 其他格式

13. 汇总转账凭证的编制依据是（　　）。

A. 外来凭证　　　　　　　　　　B. 汇总记账凭证

C. 收款凭证　　　　　　　　　　D. 转账凭证

14. 记账凭证会计处理程序和日记总账会计处理程序的主要区别是（　　）。

A. 登记日记账的依据不同　　　　B. 登记明细账的依据和方法不同

C. 登记总账的依据和方法不同　　D. 登记总账和明细账的依据不同

11.2　多项选择题

1. 总分类账的格式因采用的会计处理程序不同而不同，一般可以采用（　）。

A. 借贷余三栏式　　　　　　　　B. 具有对应科目的三栏式

C. 多栏式　　　　　　　　　　　D. 数量金额式

E. 序时账与分类账相结合的联合账簿，即日记总账

2. 以记账凭证为依据，按科目贷方设置、借方归类汇总的汇总记账凭证有（　　）。

A. 汇总收款凭证　　　　　　　　B. 汇总付款凭证

C. 汇总转账凭证　　　　　　　　D. 科目汇总表

3. 在采用汇总记账凭证会计处理程序时，编制记账凭证的一般要求是

（　　）。

A. 收款凭证为一借一贷　B. 付款凭证为一借一贷

C. 转账凭证为多借一贷　D. 转账凭证为一贷多借

E. 收付转凭证均为一借一贷

4. 在科目汇总表会计处理程序下，而且会计人员的分工较细的单位，为便于各科目的分工汇总和科目汇总表的编制，其填制的记账凭证应符合（　　）的要求。

A. 收款凭证为一借多贷　B. 付款凭证为多借一贷

C. 转账凭证为多借一贷　D. 转账凭证为两借一贷且一式两份

E. 收、付、转凭证均为一借一贷

5. 科目汇总表能起到（　　）作用。

A. 试算平衡　B. 反映各科目之间的借、贷发生额

C. 反映各科目间的对应关系　D. 反映各科目的期末余额

E. 简化登记总账的式作量

6. 汇总凭证会计处理程序下，（　　）是登记总账的依据。

A. 原始凭证　B. 原始凭证汇总表

C. 收、付、转记账凭证　D. 汇总收、付、转凭证

E. 记账凭证汇总表

7. 选择适合于企业的会计处理程序，应遵循（　　）的要求。

A. 单位的经济活动特点　B. 企业规模

C. 业务的繁简度　D. 提高工作效率

E. 便于计算

8. 各种会计处理程序之间在（　　）有相同之处。

A. 根据原始凭证编制原始凭证汇总表

B. 根据原始凭证编制原始凭证汇总表编制记账凭证

C. 根据记账凭证和原始凭证汇总表登记各种明细账

D. 根据记账凭证登记总分类账

E. 根据总分类账和明细分类账编制会计报表

9. 会计处理程序又称为（　　）。

A. 账务处理程序　B. 会计核算组织程序

C. 会计核算形式　D. 记账形式

10. 会计处理程序包括（　　）等基本内容。

A. 根据原始凭证登记填制记账凭证

B. 根据记账凭证登记各种日记账和明细分类账

C. 登记总分类账

D. 账与账之间的相互核对

E. 编制报表

11. 编制科目汇总表的顺序是（　　）。

A. 分别计算每一总账科目的借方、贷方发生额合计数

B. 并将发生额填入科目汇总表的相应栏内

C. 加总借方、贷方发生额进行试算平衡

D. 无需进行试算平衡

12. 在记账凭证会计处理程序下，（　　）不能作为登记总账直接依据。

A. 原始凭证　　　　B. 汇总原始凭证

C. 汇总记账凭证　　　　D. 科目汇总表

E. 记账凭证

13. 在不同的会计处理程序下，（　　）登记总账的依据。

A. 记账凭证　　　　B. 汇总记账凭证

C. 科目汇总表　　　　D. 原始凭证

E. 汇总原始凭证

14. 会计核算组织程序是指（　　）的合理组织过程。

A. 会计科目　　B. 会计凭证　　C. 会计账簿　　D. 会计报表

E. 会计方法

11.3 判断题

1. 会计处理程序是指凭证的整理与传递、账簿登记、编制报表相结合的方式。（　　）

2. 不同的会计处理程序影响着填制凭证、登记账簿和编制报表的步骤和方法。（　　）

3. 汇总记账凭证会计处理程序的特点是定期编制汇总记账凭证，然后据此登记明细账。（　　）

4. 汇总收款凭证是以现金、银行存款科目的贷方分别设置，并按其对应的借方科目进行汇总而形成的一种凭证。（　　）

5. 汇总付款凭证是以现金、银行存款科目的贷方分别设置，并按其对应的借方科目进行汇总而形成的一种凭证。（　　）

6. 在科目汇总表会计处理程序与汇总凭证会计处理程序下，总类类账户中均可设置“对应科目”。（　　）

7. 科目汇总表的编制依据是记账凭证，因而可以检查其记账凭证的借方与贷方发生额是否相等，在登账前起到了试算平衡的作用。（　　）

8. 在科目汇总表会计处理程序下，总分类账户采用不设置对应科目的格式，

因而无法反映账户间的对应关系。(　　)

9. 采用记账凭证会计处理程序的企业，其登记总账的工作量一定大。(　　)

10. 在编制科目汇总表时，现金和银行存款的发生额可以直接根据各自的日记账收支数填列。(　　)

11.4　名词解释

1. 会计核算形式
2. 记账凭证核算形式
3. 科目汇总表核算形式
4. 汇总记账凭证核算方式

11.5　简答题

1. 建立科学的会计核算形式应复核哪些要求?
2. 简述记账凭证核算形式的基本步骤。
3. 简述科目汇总表核算形式的基本步骤。
4. 简述汇总记账凭证核算形式的基本步骤。
5. 试述各种核算形式的优缺点及适用范围。

11.6　业务计算题

习　题　一

1. 目的：练习科目汇总表的编制。

2. 资料：某企业 2007 年 10 月发生下列经济业务（部分）：

(1) 1 日出纳张海开出现金支票一张 1 500 元，从银行提现以备日常开支需要。

(2) 1 日职工王明因出差，经财务部门负责人批准从财务科借现金 800 元。

(3) 2 日接银行通知，三江公司上月的货款 80 000 元到账。

(4) 2 日销售产品 200 件，单价为 400 元，开出增值税专用发票注明价款 80 000元，增值税 13 600 元，商品已按对方要求发出，所有款项未收。

(5) 3 日从某工厂购进材料 200 公斤，单价为 100 元，增值税 3 400 元，材料到达并办理入库，货款以转账支票支付。

(6) 4 日车间领用材料 600 公斤，发出单价为 70 元，用于产品生产。

(7) 5 日以银行存款购买纸张等办公用品一批，普通发票上注明价款 400 元，并交付使用。

(8) 7 日用银行存款支付车间修理费 1 000 元。

(9) 10 日通过银行，将上月欠长江公司货款 35 000 元付清。

(10) 15 日收到银行转来的委托通知书，支付本月的电话费 720 元。

(11) 20 日收到 2 日销售商品的款项共计 93 600 元，款项存入银行。

(12) 21 日车间领用材料，价值 200 元，用于车间一般消耗。

(13) 24 日，从银行提现 50 000 元备发工资。

(14) 25 日编制工资分配表，其中生产工人工资为 40 000 元，车间管理人员为 5 800 元，行政管理人员为 4 200 元。

(15) 26 日按本月职工出勤情况，发放工资 50 000 元。

(16) 26 日向红磊公司销售产品一批，货款及税金 117 000 元均以通过银行收讫，其中货款为 100 000 元。

(17) 26 日计算本月应付利息 589 元。

(18) 27 日计提本月固定资产折旧，其中车间设备应计提 5 800 元，行政管理部门固定资产应计提 2 800 元。

(19) 27 日王明出差归来报销差旅费 800 元。

3. 要求：

(1) 根据上列资料，按月编制科目汇总表。

(2) 根据上述资料按旬编制汇总记账凭证。

第 12 章　会计工作组织

【学习目标】

通过本章的学习，了解会计工作组织的意义，会计机构和会计电算化；明确会计工作组织的形式，会计人员的条件、职权，会计人员的岗位责任制；掌握会计机构的设置，会计人员的技术职称。

【学习重点】

12.1　会计法规体系

12.2　会计工作管理体制

12.2.1　会计工作管理部门

12.2.2　会计机构的设置

12.2.3　会计工作的组织形式

12.2.4　会计工作岗位责任制

12.3　会计人员和会计职业道德

12.3.1　会计人员

1. 会计员

会计员的基本条件为：

(1) 初步掌握财务会计知识和技能；

(2) 熟悉并能遵守、执行有关会计法则和财务会计制度；

(3) 能担任一个岗位的财务会计工作；

(4) 大学专科或中等专业学校毕业，在财务会计工作岗位上见习一年期满。

会计员负责具体审核和办理财务收支，编制记账凭证，登记会计账簿，编制会计报表和办理其他会计事务。

2. 助理会计师

助理会计师的基本条件为：

（1）掌握一般的财会基础理论和专业知识。

（2）熟悉并能正确执行有关财经方针、政策和财务会计法规、制度。

（3）能担任一个方面或某个重要岗位的财务会计工作。

（4）取得硕士学位，或取得第二学位或研究生班结业证书，具备履行助理会计师职责的能力；大学本科毕业，在财务会计工作岗位上见习一年期满；大学专业毕业并担任会计员职务两年以上；或中等专业学校毕业并担任会计员职务 4 年以上。

助理会计师负责草拟一般的财务会计制度、规定、办法；解释、解答财务会计法规、制度中的一般规定；分析、检查某一方面或某些项目的财务收支和预算的执行情况。

3. 会计师

会计师的基本条件为：

（1）较系统地掌握财务会计理论和专业知识。

（2）掌握并能正确执行有关的财经方针、政策和财务会计法规、制度。

（3）具有一定的财务会计工作经验，能担任一个单位或一个地区、一个部门、一个系统某个方面的财务会计工作。

（4）取得博士学位，并具有履行会计师职责能力；取得硕士学位，并担任助理会计师职务两年左右；取得第二学位或研究生班结业证书，并担任助理会计师职务 2～3 年；大学本科毕业或大学专科毕业并担任助理会计师职务 4 年以上。

（5）掌握一门外语。

会计师负责草拟比较重要的财务会计制度、规定、办法；解释、解答财务会计法规、制度中的重要问题；分析、检查财务收支计划和预算的执行情况；培养初级会计人员。

4. 高级会计师

高级会计师的基本条件为：

（1）较系统地掌握经济、财务会计理论和专业知识。

（2）具有较高的政治水平和丰富的财务会计工作经验，能担负一个地区、一个部门或一个系统的财务会计管理工作。

（3）取得博士学位，并担任会计师职务 2～3 年；取得硕士学位、第二学位或研究生班结业证书，或大学本科毕业并担任会计师职务 5 年以上。

（4）较熟练地掌握一门外语。

12.3.2　会计人员的主要职责

（1）按照国家财务制度的规定，认真编制并严格执行财务计划、预算，遵守各项收入制度、费用开支范围和开支标准，分清资金渠道，合理使用资金，保证完成国家税收及财政上缴任务。

（2）按照国家会计制度的规定，记账、算账、报账，做到手续完备，内容真实，数字准确，账目清楚，日清月结，按期报送。

（3）按照银行制度的规定，合理使用贷款，加强现金管理，做好结算工作。

（4）按照经济核算原则，定期检查、分析财务计划、预算的执行情况，挖掘增收节支的潜力，考核资金使用效果，揭露经营管理中的问题，及时向企业管理者提出建议。

（5）按照国家会计制度的规定，妥善保管会计凭证、账簿、报表等档案资料。

（6）遵守、宣传、维护国家财经制度和财经纪律，同违法乱纪行为做斗争。

12.3.3　会计人员的主要权限

（1）有权要求本单位有关部门、人员认真执行国家批准的计划、预算，遵守国家财经纪律和财务制度；如有违反，会计人员有权拒绝付款、拒绝报销、或拒绝执行，并向本单位领导报告。对于弄虚作假、营私舞弊、欺骗上级等违法乱纪行为，会计人员必须坚决拒绝执行，并向本单位领导或上级机关、财政审计部门报告。

（2）有权参与本单位编制计划、指定定额、签定经济合同等活动，参与有关的生产、经营管理会议。对于单位领导人和有关部门对会计人员提出的有关财务和经济效果方面的问题和意见，要认真考虑，合理的意见要加以采纳。

（3）有权监督、检查本单位有关部门的财务收支、资金使用和财务保管、收发、计量、检验的情况。有关部门要提供资料如实反映情况。

【学习难点】

12.1　会计机构的设置

（1）基层单位一般应设置会计处、科、股等会计机构，在厂长、经理或单位行政领导人的直接领导下，负责组织、领导和从事会计工作。

（2）对于不具备设置会计机构条件的单位，应由代理记账业务的机构完成其会计工作，根据《代理记账管理暂行办法》的规定，在我国从事代理记账业务的机构，应至少有 3 名持有会计从业资格证书的专职人员，同时聘用一定数量相同条件的兼职从业人员。

12.2　会计人员的岗位责任制

1. 出纳岗位职责

（1）办理现金收付和银行结算业务。

（2）登记现金和银行存款日记账。

（3）保管现金和各种有价证券。

（4）保管有关印章、空白收据和空白支票。

2. 流动资金核算岗位职责

（1）熟练掌握并应用财政法规和会计制度，参与企业流动资金的管理和核算，制定有关规章制度。

（2）根据生产经营计划和加速资金周转的要求，与产、供、销部门分别核定各类存货进、销、存的资金定额，并负责监督、层层落实。

（3）负责筹借生产经营所需资金，根据产、供、销计划，按照“以销定产，以产定购，以购定资”的原则，编制资金供求计划。

（4）在制定流动资金管理制度的基础上，合理调度资金，保证资金供求，考核资金使用效果，提出加速资金周转的建议，并付诸实施。

（5）及时、准确、足额地解缴各种税费款项。

（6）负责流动资金核算，编制各类资金报表，准确、及时地反映资金运动变化情况。

（7）负责处理各类流动资产非正常增减事项，对清查盘点中发现的盘盈盘亏、毁损和报废的流动资产，经核实后，根据审批程序办理审批手续，根据批准文件进行财务处理。

（8）建立资金流动的清查盘点制度，定期进行各类流动资金、存货的清查盘点。

3. 固定资产核算岗位职责

（1）根据财经法规指定固定资产管理制度与核算办法。

（2）负责日常固定资产的界定、分类、增减、折旧、清理等的核算与管理。

（3）监督固定资产使用部门管好、用好固定资产。

（4）负责固定资产的明细核算，在定期盘点的基础上，做到账、卡、物相符。

（5）做好固定资产修理的管理与核算工作。

（6）与固定资产使用部门一同定期对固定资产进行盘点清查，并根据盘点情况，进行处理。

4. 无形资产、其他资产核算岗位职责

（1）根据会计制度，正确确定无形资产的范围。

（2）正确计算各类无形资产和其他资产的价值。

（3）根据会计制度和有关规定，准确、合理地进行无形资产和其他资产价值的摊销和核算工作。

5. 工资核算岗位职责

（1）根据劳动工资管理办法，遵守有关工资管理政策，根据工资管理部门审批的计划合理使用工资基金。

（2）根据按劳分配原则，参与制定工资发放标准，准确、及时地计发职工工资。

（3）根据工资的用途和发生地点，按照合理的标准，分配工资费用，正确计算产品成本，按照职工工资总额一定的比例，提取职工福利基金、工会经费等，并进行相应的明细核算。

（4）组织发放工资工作。

（5）保管工资核算资料，定期归档。

6. 成本核算岗位职责

（1）根据财会制度和成本管理条例，结合本单位生产经营及管理的特点，制定本单位的成本管理和核算办法。

（2）建立健全各项成本费用的原始记录，为准确计算成本、加强成本控制提供依据。

（3）根据本单位的生产经营计划和生产工艺流程，编制成本、费用计划、并将成本指标层层分解至各成本负责部门，建立健全成本考核体系，以达到控制成本、降低生产费用的目的。

（4）正确进行生产成本的核算，对生产经营活动中发生的各项成本费用，进行正确的分类、审核、记录、归集和分配。

（5）根据会计制度和成本核算的有关规定，在正确执行成本开支标准和开支范围的基础上，正确进行管理费用、制造费用和期间成本的核算。

（6）根据各种成本资料，分析成本计划执行情况，预测成本发展趋势，比较同行业的成本水平，不断提出降低成本、费用的途径。

（7）准确及时地编制各种成本费用会计报表。

7. 收入、利润核算岗位职责

(1) 负责处理产品销售的款项结算，及时收回各种货款，必要时会同经销人员上门催收货款。

(2) 根据会计制度，正确计算企业的盈亏和准确进行利润分配。

(3) 根据企业的产、供、销情况和成本计划，定期编制利润计划，经常检查各责任部门的利润实现情况。

(4) 负责进行销售收入和利润的明细核算，准确计算各产品的盈亏。

(5) 及时处理各种坏账损失，清理回收销货款。

(6) 准确、及时编制利润表和利润分配表。

8. 往来核算岗位职责

(1) 严格执行国家规定的结算纪律，对应收、应付账款和其他应收、应付款等的核算和管理建立必要的规章制度。

(2) 对各种往来款项要认真进行明细核算，做到账表相符。

(3) 及时进行各类往来款项的清理工作，对各种呆账要查明原因，根据制度规定妥善处理。

(4) 根据会计制度的要求，按规定的方法和比例提取坏账准备金。

9. 总账报表岗位职责

(1) 根据会计制度的要求，并结合本单位的特点设置会计科目（总账）、会计凭证和会计账簿。

(2) 负责审核汇总记账凭证或科目汇总表，登记总账和相应的明细分类账（在分管范围内），保持总账与各明细账余额相符。

(3) 审核会计凭证的合法性、真实性、正确性和手续的完备性。

(4) 根据总账和有关明细账的记录编制资产负债表、现金流量表。

(5) 负责收集、保管各种会计资料，及时办理归挡手续，并管理会计档案。

10. 稽核岗位职责

(1) 熟悉各项财经法规及会计制度，对一切进入会计核算流程的经济活动逐一审核，对不符合规定的经济活动，须提出审核意见，报经领导审批后进行处理。

(2) 审核会计凭证、账簿记录和各种会计报表是否真实、合法，手续是否完备，数据是否真实，对于不符合规定的会计事项应及时纠正处理。

(3) 根据财经法规和会计制度的要求，审核本单位会计政策（包括折旧政策、费用的结转和计提政策、坏账损失的处理政策等）的合规和合法性。

11. 综合岗位职责

（1）在掌握各种会计信息资料的基础上，通过横向、纵向的对比分析，找出本单位影响财务状况和经济效益的各种因素，解析产生这些问题的原因，提出改进经营管理的措施与意见。

（2）编写财务状况说明书和经济活动分析，综合财会人员要根据本单位的实际情况按月、按季和按年编写财务状况说明书，不定期地编写经济活动分析，全面反映本单位的财务状况和经济活动情况。

（3）进行各种预测分析，通过对企业资金、成本、盈亏、销售和定价等进行预测，对企业产品的产、供、销情况进行可行性研究，为各级领导的经营决策和管理提供信息，当好领导决策的参谋。

12. 会计主管岗位职责

（1）熟练掌握各项财经法规和会计制度，并结合行业特点和本单位的实际情况，参与制定各种适合本单位的有关会计政策及会计制度，并负责监督执行。

（2）根据组织会计工作的基本要求，合理、有效地组织本单位的会计工作，建立健全本单位各项会计岗位责任制和稽核制度，并经常检验和考核。

（3）全面负责本单位的会计核算与监督工作，从资金的筹集与使用、资产的调配与使用、税费的计算与解缴、成本费用的开支、盈亏的计算与分配等方面进行全面会计管理。

（4）参与企业经济合同和经济文件的制定工作，确保合规、合法和符合本单位的经济利益。

（5）组织会计人员学习业务知识，不断提高财会人员的业务水平和会计管理水平。

【典型例题分析】

12.1　单项选择题

【例题 1】 我国《企业会计准则》制定的法律依据是（　）。

A. 企业会计制度　　B. 中华人民共和国会计法

C. 具体会计准则　　D. 会计基础工作规范

【答案】 B

【分析】 我国《企业会计准则》是我国企业会计核算工作的基本规范，以《会计法》为指导，同时又统驭企业会计制度。

【例题 2】《会计法》规定，应对本单位的会计工作和会计资料的真实性、完整性负责的是（　　）。

A. 单位负责人　B. 会计负责人　C. 审计负责人　D. 注册会计师

【答案】 A

【分析】《会计法》规定，单位负责人应对本单位的会计工作和会计资料的真实性、完整性负责。

12.2　多项选择题

【例题 1】 下列各项中属于会计人员主要职责的有（　）。

A. 进行会计核算

B. 拟定本单位办理会计事务的具体办法

C. 实行会计监督

D. 编制预算和财务计划

【答案】 ABCD

【分析】 会计人员的主要职责有：进行会计划算；实行会计监督；拟定本单位办理会计事务的具体办法；参与拟定经济计划、业务计划；编制预算和财务报表，并考核、分析其执行情况；办理其他会计事项。

12.3　判断题

【例题 1】 根据《会计法》的要求，各单位必须设置会计机构。（　）

【答案】 ×

【分析】《会计法》对各单位是否设置会计机构，规定为“根据会计业务的需要”，即各单位可以根据本单位的业务繁简情况决定是否设置会计机构。

【能力训练】

12.1　单项选择题

1. 我国会计法规体系主要由（　　）组成。

A. 方针、政策和实施办法　　B. 中央和地方会计制度

C 客观政策引导和具体规定　　D. 会计法、会计准则和会计制度

2. 集中核算方式就是把（　　）的主要会计核算工作都集中在企业一级的会计部门进行。

A. 各生产经营单位　　B. 某些重要单位

C. 整个企业单位　　D. 各职能管理部门

3. 在不违反内部牽连制度的前提下，出纳员可以监管（　　）。

A. 总账的登记工作　B. 固定资产卡片的登记工作
C. 会计档案的保管工作　D. 明细账的登记工作
4. 会计法（　）会计准则。
A. 从属于　B. 受监督于　C. 统驭　D. 受控制于
5. 会计工作的管理体制是（　）。
A. 统一领导，分级管理　B. 统一领导，统一管理
C. 分级领导，分级管理　D. 由单位领导人领导、管理
6. 大中型企业单位应设置总会计师，主管本单位的（　）。
A. 会计工作　B. 经济管理工作
C. 财务会计工作　D. 经济核算和财务会计工作
7. 位于我国会计法规体系中最高层次的是（　）。
A. 基本会计准则　B. 会计法
C. 企业会计制度　D. 会计规章
8. 根据法律规定，（　）管理全国的会计工作。
A. 国务院　B. 审计署
C. 国务院财政部门　D. 国家税务总局

12.2　多项选择题

1. 企业会计工作的组织形式通常分为（　）。
A. 独立核算　B. 统一核算　C. 集中核算　D. 非集中核算
2. 企业无论采用集中核算还是非集中核算方式，（　）都由企业会计部门集中办理。
A. 编制会计凭证
B. 企业对外的货币资金收支和债务结算
C. 登记有关明细分类账
D. 编制对外的会计报表
3.《会计法》规定，出纳人员不得兼管的工作有（　）。
A. 稽核　B. 会计档案保管
C. 收入费用账目登记　D. 债务债权账目的登记
4. 会计专业技术职称包括（　）。
A. 会计员　B. 高级会计师　C. 助理会计师　D. 会计师
5. 实行会计电算化的重要意义有（　）。
A. 提高会计核算的准确性　B. 增强会计信息的时效性
C. 可以提高会计人员的业务素质　D. 可以减轻会计人员的工作量
6. 根据企业规模的大小、业务繁简的不同，其会计机构的设置可以选择采

用（　　）方式。

A. 单独设置会计机构

B. 只在内部主要车间、部门设置会计机构

C. 配备专职会计人员

D. 制定专人负责办理会计工作

7. 会计人员的主要工作权限是（　　）。

A. 要求有关人员遵守财经纪律和会计制度

B. 抵制并向上级、有关部门报告违反财经纪律行为

C. 参与企业制定计划、签订合同

D. 监督、检查本企业财产保管、财务收支、资金使用情况

12.3　判断题

1.《会计法》是我国会计核算的根本大法，是制定其他会计法规的基本依据。（　　）

2. 单位负责人应对财务报告的真实和完整负责。（　　）

3. 集中核算形式，有利于各部门及时掌握会计信息，利用会计资料进行经济活动的分析和考核。（　　）

4. 一个单位的会计工作组织是采取集中核算还是非集中核算，取决于经济管理的要求。（　　）

5. 总会计师市高级会计师，也是单位行政领导成员，是单位财会工作的最高领导。（　　）

6. 会计从业资格证书、注册会计师都是证明能够从事会计工作的合法凭证。（　　）

12.4　名词解释

1. 会计岗位责任制
2. 会计机构
3. 集中核算
4. 非集中核算
5. 会计电算化

12.5　简答题

1. 会计法规体系的作用主要有哪几方面？
2. 企业会计机构设置的基本原则是什么？
3. 会计人员的主要职责什么？

4. 什么是会计人员的职业道德？包括那些具体内容？
5. 会计人员的主要权限是什么？
6. 目前我国会计专业职务有哪几种？
7. 会计工作组织形式有哪几种？
8. 会计电算化的内容有哪几方面？